¡El mundo te está esperando!

Louise L. Hay

# ¡El mundo te está esperando!

Dentro de ti hay una
mujer inteligente, dinámica
y capaz. Permítele salir
y actuar.

Traducción de Amelia Brito

Urano
Argentina – Chile – Colombia – España
Estados Unidos – México – Perú – Uruguay

Título original: *Empowering Women*
Editor original: Hay House, Inc., Santa Monica, CA
Traducción: Amelia Brito

1.ª edición: febrero 2025


Plaza de los Reyes Magos, 8, piso 1.º C y D – 28007 Madrid
www.edicionesurano.com

ISBN: 978-84-18714-76-4
E-ISBN: 978-84-9944-332-4
Depósito legal: M-26.350-2024

Fotocomposición: Urano World Spain, S.A.U.

Impreso por: Rotativas de Estella – Polígono Industrial San Miguel
Parcelas E7-E8 – 31132 Villatuerta (Navarra)

Impreso en España – *Printed in Spain*

# Índice

*Ya es hora de que las mujeres*
*derribemos las barreras que*
*nos autolimitan. Podemos ser*
*mucho más de lo que nunca*
*hemos imaginado.*

# Acerca de este libro

Algo viejo, algo nuevo. Este libro, con el que deseo ayudar a las mujeres a acceder a sus verdaderas capacidades y posibilidades, contiene algunas de mis ideas anteriores y muchas nuevas. Repasando los elementos básicos y añadiendo otros nuevos nos creamos una posición firme para el futuro. Capacitarnos a nosotras mismas para usar todo nuestro poder es lo mejor que podemos hacer por el planeta. Si vivimos reprimidas, todo el mundo pierde. Si ganamos, todos ganan.

Louise L. Hay

# Introducción

«Crear algo nuevo y fresco funciona mucho mejor si "completamos" en nuestra conciencia lo que está acabado al mismo tiempo que soñamos lo nuevo».

DOCTORA CHRISTIANE NORTHRUP

En primer lugar te pido que tengas presente que todos los profesores y profesoras que encuentres en tu vida representan solo una etapa en tu camino de crecimiento. Esto también me incluye a mí. No soy sanadora; no sano a nadie. Estoy aquí para ayudarte a que te capacites por ti misma, haciéndote partícipe de mis ideas. Te insto a leer todos los libros que puedas y a estudiar con muchos profesores, porque ninguna persona sola ni ningún sistema por sí mismo pueden abarcarlo todo. La vida es demasiado compleja para comprenderla en su totalidad; además, la propia vida siempre está creciendo, expandiéndose, haciéndose más vida. Así pues, aprovecha de este libro lo que te parezca mejor. Asimílalo, utilízalo y pasa a las ideas de otros profesores. No dejes de expandir y profundizar continuamente tu propia comprensión de la Vida.

A todas las mujeres, entre ellas tú y yo, las han hecho sentirse avergonzadas y culpables desde la infancia. Nuestros padres y la sociedad nos han programado para pensar y comportarnos de cierta manera; para ser mujeres, con todas las normas, reglamentos y frustraciones que eso comporta. Algunas mujeres se sienten muy contentas desempeñando ese papel. Pero muchas no.

La vida viene en oleadas, en experiencias de aprendizaje y períodos de evolución. Ahora estamos en un período de maravillosa evolución. Durante muchísimo tiempo las mujeres hemos estado sometidas a los caprichos y sistemas de creencias de los hombres. Se nos decía qué podíamos hacer, cuándo hacerlo y cómo.

Recuerdo que cuando era pequeña me enseñaron que debía caminar dos pasos detrás de un hombre, tomarlo como guía y preguntarle: «¿Qué debo pensar, qué debo hacer?». Es evidente que no me lo dijeron con esas palabras, pero yo observaba a mi madre y eso era lo que ella hacía, de forma que ese fue el comportamiento que aprendí. Su ambiente y experiencias le habían enseñado a obedecer totalmente a los hombres, por lo que los malos tratos le parecían algo normal, y a mí también. Este es un ejemplo perfecto de cómo aprendemos nuestros comportamientos: aceptando y repitiendo los comportamientos y creencias que hemos aprendido de nuestros padres.

Tardé muchísimo tiempo en comprender que ese comportamiento no era normal, y que tampoco era lo que yo me merecía como mujer. Por eso, a medida que fui cambiando lentamente mi sistema de creencias (mi conciencia) comencé a adquirir dignidad y autoestima. Al mismo tiempo, mi mundo exterior cambió y dejé de atraer a hombres dominantes y abusivos. La conciencia de su dignidad, su valor y su autoestima son las cosas más importantes que puede poseer una mujer. Si se carece de esas cualidades, habrá que desarrollarlas. Cuando nuestro sentido de la dignidad está fortalecido, no aceptamos que nos sitúen en una posición de inferioridad ni que nos maltraten o abusen de nosotras. Solo nos sometemos al dominio de otras personas cuando aceptamos y creemos que «no valemos» nada o que somos indignas.

Ahora deseo concentrar mi trabajo en ayudar a las mujeres a que sean todo lo que pueden ser y a que encuentren realmente una posición de igualdad en este mundo. Deseo contribuir a que todas las mujeres tengamos amor propio, dignidad, conciencia de nuestra valía, autoestima y un lugar poderoso en la sociedad. Esto no significa, ni mucho menos, menospreciar a los hombres, sino todo lo contrario, conseguir la igualdad entre los sexos, lo cual beneficia a todos.

Mientras leas y trabajes con este libro, recuerda que cuesta mucho cambiar las creencias y las actitudes. ¿Cuánto tiempo se necesita? Es como preguntar: ¿Cuánto tardaré en comprender y aceptar nuevas ideas? Eso varía según cada persona. Así pues, no le pongas limitaciones a tu progreso, no te fijes un tiempo determinado; simplemente haz el trabajo lo mejor que puedas y el Universo, con su infinito conocimiento, te guiará en la dirección correcta. Paso a paso, momento a momento, día a día, la práctica nos llevará adonde queramos ir.

# 1

# Para comenzar: nos queda mucho por hacer y mucho por aprender

Quiero ofrecerte un ejemplo perfecto de cómo antes se programaba a las mujeres. A continuación puedes leer un fragmento de un texto copiado de un manual de economía doméstica que corría por un colegio de secundaria en los años cincuenta. ¡No es broma!

1. *Ten la cena lista.* Planifica con anticipación, incluso la noche antes, una deliciosa comida. Es una buena manera de hacerle saber que has estado pensando en él y te preocupas de su bienestar. La mayoría de los hombres tienen hambre cuando llegan a casa, y la perspectiva de encontrarse una suculenta comida ya preparada forma parte de la acogedora bienvenida que necesitan.
2. *Prepárate.* Tómate 15 minutos para descansar, de modo que estés renovada cuando llegue. Maquíllate, ponte una cinta en el pelo y ten un aspecto animado. Tu marido ha estado tratando

con muchas personas agotadas por el trabajo; por eso tú debes mostrarte alegre y algo más interesante. Tal vez necesita animarse después de un día aburrido.

3. *No olvides ordenar la casa.* Poco antes de que llegue tu marido haz un último recorrido por las principales habitaciones de la casa, recoge los libros del colegio, los juguetes, papeles, etcétera. Después quita el polvo de los muebles. De este modo, él sentirá que ha llegado a un refugio de reposo y orden, y eso te animará a ti también.
4. *Prepara a los niños.* Dedica algunos minutos a arreglar a los niños, lavarles las manos y la cara (si son pequeños), peinarlos y, si es necesario, cambiarles la ropa. Ellos son pequeños tesoros y a él le gustará verlos de este modo.
5. *Procura que en la casa reine el silencio.* En el momento de su llegada elimina todos los ruidos: el de la lavadora, la secadora, el lavavajillas o el aspirador. Intenta que los niños estén callados. Muéstrate feliz de verle. Salúdalo con una cariñosa sonrisa y alégrate de que haya llegado.
6. *Algunos noes.* No lo recibas con problemas ni quejas. No te enfades si llega tarde a cenar. Considéralo una insignificancia comparado con todo lo que él tal vez ha tenido que hacer durante el día. Ocúpate de que se sienta a gusto. Hazlo sentarse en un cómodo sillón o echarse en el dormitorio.

Tenle lista una bebida fría o caliente. Arréglale la almohada y ofrécete a quitarle los zapatos. Habla en voz baja, dulce, tranquilizadora y agradable. Déjalo que descanse y se relaje.

7. *Escúchalo.* Tienes un montón de cosas que decirle, pero cuando acaba de llegar no es el momento adecuado. Deja que hable él primero.
8. *Haz la noche suya.* Nunca te quejes si no te lleva a cenar fuera o a otra salida agradable. Trata de comprender su mundo de esfuerzos y apremios, su necesidad de relajarse y descansar.

No hay nada malo en estas recomendaciones si eso es lo que la mujer desea hacer. El problema estaba en que casi todas las jóvenes de ese tiempo eran programadas para negarse totalmente a sí mismas y agradar así a sus maridos. Esta era la manera como debía comportarse una «mujer buena». Fabuloso para los hombres, pero no tanto para las mujeres. Sin embargo, en la actualidad somos nosotras las que debemos recapacitar sobre nuestras vidas. Podemos reinventarnos aprendiendo a ponerlo todo en tela de juicio, incluso aquellas cosas que hacemos por rutina: cocinar, limpiar, cuidar de los hijos, hacer recados, hacer de chófer. Es necesario reexaminar todas las cosas que hemos hecho automáticamente durante mucho tiempo. ¿Queremos vivir el resto de nuestra vida como lo hemos hecho hasta ahora, perdiendo trozos a medida que pasa el tiempo?

Fortalecer a las mujeres no significa tener que debilitar a los hombres. El maltrato es tan malo de una parte como de la otra. No nos conviene caer en eso. Ese tipo de conducta nos mantiene a todos atascados, y creo que ya hemos tenido atascamiento suficiente por ahora. Culparnos a nosotras mismas o culpar a los hombres o a la sociedad de todos los males de la vida no nos ayudará a mejorar la situación; solo nos mantendrá impotentes, ya que culpar es siempre un acto de impotencia. Así pues, lo mejor que podemos hacer por los hombres de nuestro mundo es dejar de ser víctimas, tener claros nuestros actos, organizarnos y cuidar de nosotras mismas. Todo el mundo respeta a quien se respeta a sí mismo.

Siento una enorme comprensión y compasión por los hombres y por las dificultades con que se enfrentan a lo largo de sus vidas. Ellos también están atascados en sus papeles y soportan inmensas cargas y enormes agobios. Desde que son pequeños se les enseña que no han de llorar para expresar sus emociones. Se les enseña a guardarse sus sentimientos. En mi opinión, esa es una forma de maltratar y torturar a los niños. No es de extrañar que cuando llegan a adultos expresen tanta ira. Además, la mayoría se quejan de no haber tenido una relación con su padre. Si de verdad quieres ver llorar a un hombre, ofrécele un ambiente en el que se sienta seguro y pídele que hable de su padre. Generalmente es enorme la tristeza que aflora en ellos cuando hablan de todas las cosas que nunca se dijeron, de lo mucho que deseaban que su infancia hubiera sido diferente, de cuánto anhelaban que su padre les hubiera dicho que los amaba y los valoraba.

Culturalmente a las mujeres se nos ha lavado el cerebro haciéndonos creer que para ser «buenas» tenemos que anteponer las necesidades de todos los demás a las nuestras. Muchas hemos vivido cumpliendo las obligaciones impuestas por lo que «deberíamos» ser en lugar de atenernos a la realidad de lo que realmente «somos». Hay muchísimas mujeres que van por la vida con un profundo resentimiento porque se sienten «obligadas a servir» a los demás. Con razón tantas mujeres están agotadas. Las que trabajan suelen tener dos trabajos a jornada completa: uno en la oficina y otro que empieza en cuanto llegan a casa: atender a la familia. El sacrificio de uno mismo mata a quien hace el sacrificio.

Pero no tenemos por qué ponernos enfermas para conseguir un poco de descanso. En mi opinión, muchas de las enfermedades que aquejan a las mujeres son una manera de conseguir una tregua. La enfermedad es la única excusa que se permiten para tener un poco de tiempo libre, la mujer tiene que estar enferma en cama para poder decir no.

Por eso es necesario que las mujeres sepamos, y lo sepamos de una vez por todas, que no somos ciudadanos de segunda clase. Eso es un mito perpetuado por ciertos sectores de la sociedad, y además, una tontería. El alma no entiende de clases, ni tampoco de sexos. Hemos de aprender a valorar nuestras vidas y nuestras capacidades igual como hemos aprendido a valorar las de los demás. Cuando nació el movimiento feminista, las mujeres estaban tan furiosas por la injusticia con que se las trataba que culpaban de todo a los hombres. Eso estuvo bien en su momento. Era necesario airear la frustración durante un tiempo, a modo de terapia: cuando se va a un terapeuta para solucionar los maltratos sufridos en la infancia, es necesario expresar todos esos sentimientos primero, para poder sanar después.

Pero ahora ya hemos tenido tiempo suficiente para expresar esos sentimientos, por lo que el péndulo ha llegado a un punto más equilibrado y eso es, precisamente, lo que les está ocurriendo actualmente a las mujeres. Ha llegado el momento de dejar atrás la rabia y las acusaciones, la actitud de víctimas y de la impotencia. Ya es hora de que las mujeres reconozcamos y recuperemos nuestro poder. Es el momento de que nos hagamos cargo de nuestros pensamientos y comencemos a crear el mundo de igualdad que decimos desear.

Cuando aprendamos a cuidar de nosotras mismas de modo positivo, a respetarnos y a valorarnos, la vida de todos los seres humanos, incluidos los hombres, habrá dado un salto cuántico en la dirección correcta. Habrá respeto y amor entre los sexos, y hombres y mujeres nos honraremos unos a otros.

Nos daremos cuenta de que hay abundancia para todos y que podemos bendecirnos mutuamente y prosperar juntos. Creo que podemos crear un mundo seguro donde reine el amor, y donde todos podamos ser felices, sanos y completos.

Durante mucho tiempo las mujeres hemos deseado tener más dominio sobre nuestras vidas. Ahora tenemos la oportunidad de ser todo lo que podemos ser. Sí, aún hay muchas desigualdades entre hombres y mujeres, en particular respecto a sueldos y a nuestra situación ante la ley. Aún tenemos que conformarnos con lo que logramos conseguir en los tribunales de justicia. Las leyes están hechas por hombres; incluso en los casos de violación, los tribunales hablan con la lógica de un hombre.

Deseo alentar a las mujeres a que comiencen una campaña para reformar las leyes, de modo que favorezcan por igual a hombres y a mujeres. Las mujeres tenemos un inmenso poder colectivo cuando nos unimos para un fin. Pero necesitamos que se nos recuerde que lo tenemos. La energía de las mujeres unidas en una causa común puede ser sorprendente. Hace setenta y cinco años, las mujeres se unieron para obtener el derecho de sufragio. Actualmente podemos presentar nuestra candidatura para puestos de gobierno.

Animo a las mujeres a presentarse para ocupar cargos políticos. Nuestro puesto está en la política, ya que es un campo abierto para nosotras; allí no hay ninguna de las limitaciones del mundo empresarial. Si deseamos reformar nuestras leyes y gobiernos para que favorezcan igualmente a las mujeres, hemos de entrar en esos campos. Podemos comenzar por el nivel más elemental. No es necesaria toda una vida de formación para entrar en la política. Una carrera política es un lugar de poder para las mujeres.

¿Sabías que en 1935 Eleanor Roosevelt consiguió que el Congreso aprobara la ley de que todas las casas nuevas que se construyeran contaran con un cuarto de baño «dentro» de la casa? Una de las objeciones de muchos de los congresistas varones fue: «Si todo el mundo tiene cuarto de baño en casa, ¿cómo se distinguirán los ricos de los pobres?». Actualmente consideramos tan natural tener un cuarto de baño en casa que nos olvidamos de que una mujer poderosa luchó en el Congreso para que se aprobara esa ley. Cuando las mujeres logremos unirnos, moveremos montañas, y haremos que el mundo sea un lugar mejor para vivir.

Aunque hemos avanzado muchísimo, no hemos de perder de vista aquellos tiempos pasados en que el hombre era el monarca indiscutido de su casa, y cualquier desobediencia por parte de su mujer, hijos o sirvientes se castigaba con azotes. En la década de 1850 ninguna mujer respetable podía permitirse disfrutar del acto sexual. Sí, hemos avanzado mucho, y solo estamos al comienzo de esta nueva fase de nuestra evolución. Tenemos mucho por hacer y mucho por aprender. Ahora tenemos un nuevo horizonte de libertad y necesitamos soluciones creativas para todas las mujeres, entre ellas las que viven solas.

# 2

# La autoestima de la mujer, blanco de la publicidad

Aprovechando nuestra falta de autoestima, el mundo de la publicidad nos ha convertido en su objetivo para inducirnos a comprar sus productos. Lo que dicen en el fondo la mayoría de los anuncios es: «Vales muy poco, y la única manera que tienes de ser algo más es comprando nuestro producto». Solo nos dejamos convencer por los anuncios cuando pensamos que en nosotras hay algo que necesita arreglo. Es necesario que no nos dejemos convencer por esos intentos de hacernos sentir inferiores.

El blanco predilecto de las andanadas publicitarias es nuestro cuerpo. Dadas las creencias negativas que hemos aceptado acerca de nuestro cuerpo, y debido al bombardeo de la publicidad dirigida a las mujeres para decirles lo poco que valen, no es de extrañar que la mayor parte del tiempo no amemos nuestro cuerpo. ¿Quién puede decir con sinceridad que ama su recto? Ya tenemos bastantes problemas para aceptar nuestra nariz o nuestras caderas. ¿A qué edad, me pregunto, comenzamos a equiparar nuestra valía personal con el ancho de nuestras caderas? Los bebés jamás piensan que no valen nada debido a la anchura de sus caderas.

Cuando somos unas adolescentes vulnerables se nos bombardea con anuncios que tratan de disminuir nuestra autoestima y hacernos sentir que necesitamos cierto producto para ser atractivas o aceptadas por los demás. Por eso las adolescentes, en cuanto grupo social, se valoran tan poco. Esta mengua de la autoestima y el sentido de la propia dignidad se perpetúa en muchos casos en la edad adulta. A las empresas tabacaleras les encanta dirigir su publicidad a las adolescentes porque saben que es fácil convertir a las personas con poca autoestima en adictas, e incluso hay buenas posibilidades de hacerlas clientas de por vida. ¿Cómo podemos permitir que les hagan eso a nuestras hijas?

El otro día oí decir a una niñita de tres años: «No quiero ponerme ese vestido. Me hace parecer gorda». Las niñas de diez años hacen dieta para adelgazar. Las escuelas están llenas de niñas con anorexia y bulimia. ¿Qué les estamos haciendo a nuestras hijas? Si eres madre, demuéstrales a tus hijos de qué forma los explotan los anuncios publicitarios. Analiza con ellos cada anuncio. Pídeles que ellos te muestren lo que hay de manipulador en los anuncios. Enséñales cuando son pequeños y dales el poder para vivir sus vidas con decisiones inteligentes, para que aprendan a actuar en vez de solo reaccionar.

¿Te has fijado cuántas revistas para mujeres ofrecen las últimas dietas para adelgazar y luego en el mismo número incluyen recetas de postres que hacen engordar? ¿Qué tipo de mensaje pretenden darnos? Engorda, adelgaza, engorda, adelgaza. No es de extrañar, pues, que haya tantas mujeres haciendo una dieta tras otra. Es imposible vivir de acuerdo con todos los anuncios y mensajes que recibimos de los medios de comunicación. La próxima vez que veas un anuncio por la televisión, míralo con ojo crítico. ¿Cuál es el verdadero mensaje que te ofrece la publicidad? ¿Intenta hacer que te sientas inferior o decirte que no vales nada? ¿Te ofrece un sueño imposible de realizar? Reírse de los anuncios les quita el poder sobre nosotras. Los anuncios que defienden la explotación de la mujer son otra manera de controlarnos y dominarnos. Debemos de hacer todo lo posible por recuperar nuestro poder.

Me gustaría que cada vez que viéramos en una revista o por la televisión uno de esos anuncios que insulta la inteligencia de las mujeres, en lugar de mirarnos y decirnos: «Ay, cómo me gustaría tener las caderas como esa chica», o algo por el estilo, comenzáramos una campaña de protesta; que nos sentáramos, escribiéramos una postal y la enviáramos a la empresa anunciadora con la siguiente frase: «¡Cómo se atreve a explotarme! ¡Jamás volveré a comprar su producto!». Si las mujeres enviáramos postales a los publicistas negativos y manipuladores y solo compráramos productos de las empresas que nos apoyan con su publicidad, la cosa comenzaría a cambiar.

Compramos muchos productos simplemente porque pensamos: «Ay, si tuviera eso estaría bien». Sin embargo, nuestros pensamientos vuelven de nuevo a la antigua creencia: «No estoy bien, valgo muy poco». Debemos saber, de una vez por todas, que las mujeres valemos exactamente tal y como somos.

Reúnete con un grupo de amigas y mirad juntas alguna revista para mujeres. Analizad los artículos y los anuncios. Tomad conciencia de lo que estáis mirando y de cuáles son los mensajes subliminales. Tenemos que abrir los ojos. Tenemos que abrir los oídos. ¿Qué es lo que nos muestran en realidad? ¿Qué nos dicen? ¿De qué modo intenta dominarnos la publicidad?

Pensemos realmente en este tema.

# 3

# Elegir pensamientos y creencias positivos

Como bien saben muchas de mis lectoras, yo creo firmemente que las cosas que pensamos, las palabras que decimos y las creencias que tenemos son muy poderosas; dan forma a nuestras experiencias y a nuestra vida. Es como si cada vez que tenemos un pensamiento o decimos una palabra el Universo nos escuchara y nos respondiera. Así pues, si hay algo en nuestra vida que no nos gusta, tenemos el poder para cambiarlo. Tenemos el poder de nuestros pensamientos y palabras. Cuando cambiamos las palabras y los pensamientos, cambian también nuestras experiencias. Sea cual sea nuestro pasado, sea cual sea el ambiente del que procedemos, por difícil que haya sido nuestra infancia, hoy podemos hacer cambios. Esta es una idea muy poderosa y liberadora, y si creemos en ella se convierte en realidad. En mi opinión, esta es la forma en que resolvemos todos nuestros asuntos y problemas. Primero efectuamos el cambio en la mente y entonces la vida nos responde conforme a ello.

Lo que hacemos continuamente es vivir nuestro pasado. Lo que estamos viviendo en estos momentos es lo que nos hemos creado con las creencias y pensamientos del pasado. Así, si en nuestra vida hay algo que no nos gusta, tenemos la opción de recrear nuestras experiencias del futuro. Cuando comenzamos a cambiar nuestra manera de pensar, es posible que no se produzcan muchos cambios positivos de inmediato, pero si continuamos con nuestra nueva forma de pensar, veremos que el mañana se va haciendo diferente. Si queremos que el mañana sea positivo, hemos de cambiar nuestros pensamientos hoy. Los pensamientos de hoy crean las experiencias de mañana.

Muchas personas me preguntan: «¿Cómo puedo pensar de modo positivo si estoy rodeado de personas negativas?». Cuando estoy con alguna persona que dice cosas negativas, digo para mis adentros: «Eso podrá ser cierto para ti, pero no para mí». A veces incluso lo digo en voz alta. Esta actitud permite a la otra persona ser todo lo negativa que quiera mientras yo continúo fiel a mis creencias positivas. Hago lo posible por evitar a ese tipo de personas. Una podría preguntarse por qué está siempre rodeada de personas negativas. Tengamos presente que no podemos cambiar a nadie. Cada persona solo puede cambiarse a sí misma. Cuando cambiamos en nuestro interior, los demás reaccionan a ese cambio. Lo más importante que podemos hacer es cambiar nuestra forma de pensar. Por muy ocupados que estemos o por arduo que sea el trabajo, siempre podemos pensar, y nadie puede meterse en nuestros pensamientos.

Me gustaría que todos introdujéramos en nuestro vocabulario la palabra *neuropéptidos*. Esta palabra, acuñada por Candace Pert en su investigación del funcionamiento del cerebro, da nombre a los «mensajeros químicos» que viajan por el cuerpo siempre que tenemos un pensamiento o decimos una palabra. Cuando los pensamientos son de rabia, juicio o crítica, las sustancias químicas que producen deprimen el sistema inmunitario. Cuando los pensamientos son de amor, positivos y llenos de fuerza, esos mensajeros llevan otras sustancias químicas que estimulan y fortalecen el sistema inmunitario. Por fin la ciencia está confirmando lo que muchos ya sabíamos desde hace años: que existe una conexión cuerpo-mente. Esta comunicación entre la mente y el cuerpo jamás cesa, no duerme. La mente está continuamente transmitiendo los pensamientos a las células del cuerpo.

Así pues, a cada momento, estamos eligiendo, consciente o inconscientemente, pensamientos sanos o pensamientos dañinos. Estos pensamientos afectan al cuerpo. Un solo pensamiento no ejerce sobre nosotros gran influencia. Pero todos tenemos más de sesenta mil pensamientos al día y el efecto de esos pensamientos es acumulativo. Los pensamientos tóxicos envenenan el cuerpo. En la actualidad la ciencia está confirmando que no debemos entregarnos a pensamientos negativos, ya que eso nos enferma y nos mata.

Durante mucho tiempo no entendí la expresión: «Todos somos uno; todos somos creados iguales». Para mí eso no tenía ningún sentido. Yo veía que había ricos y pobres, gente guapa y gente fea, personas inteligentes y personas tontas, diferentes colores, diferentes razas, muchísimas religiones y formas de considerar la vida; veía muchísimas diferencias. ¿Cómo entonces se podía decir que todos somos creados iguales?

Finalmente aumentó mi comprensión y me di cuenta de lo que esa frase significaba. Atribuyo el mérito de ese nuevo grado de comprensión a la escritora y conferenciante Caroline Myss. Verás, los pensamientos que pensamos y las palabras que decimos nos afectan a todos por igual. Los neuropéptidos, esos mensajeros químicos que viajan por nuestros cuerpos cada vez que pensamos o hablamos, inciden en *todos nosotros de la misma manera*. Un pensamiento negativo es tan tóxico para un cuerpo estadounidense como para uno chino o italiano. La rabia es tan tóxica dentro de una persona cristiana como dentro de una judía o una musulmana. Hombres, mujeres, homosexuales, heterosexuales, niños, ancianos, todos reaccionamos de la misma manera a los neuropéptidos creados por nuestros procesos de pensamiento.

El perdón y el amor son sanadores para todos, sea cual sea el país donde vivimos. Todas las personas de este planeta necesitamos sanar nuestros espíritus primero para poder sanar permanentemente nuestros cuerpos. Hemos venido aquí a aprender las lecciones del perdón y del amor hacia nosotros mismos. Ninguna persona, viva donde viva, puede escapar de estas lecciones. ¿Te niegas a aprender esas lecciones e insistes, por el contrario, en sentirte agraviada y amargada? ¿Estás dispuesta a aprender a perdonar a los demás y a perdonarte a ti misma? ¿Estás dispuesta a amarte y a entrar en la riqueza y plenitud de la Vida? Esas son las enseñanzas de la Vida, y nos afectan a todos por igual. Todos somos Uno; todos somos creados iguales. ¡El amor nos sana a todos! (A aquellas que estéis dispuestas a trabajar a un nivel espiritual profundo os recomiendo leer el libro de Caroline Myss *Anatomía del espíritu.* La información que ofrece en este libro es fenomenal.)

Así pues, ¿qué tipo de pensamientos tienes en este momento? ¿Qué tipo de neuropéptidos están viajando por tu cuerpo? ¿Tus pensamientos te están haciendo enfermar o sentirte bien?

Somos demasiadas las personas que nos quedamos de brazos cruzados en nuestra prisión de indignación o rencor justiciero, creada por nosotros mismos. No hemos entendido que la acusación causa más estragos en el acusador que en el acusado. Los neuropéptidos que llevan los pensamientos acusadores por el cuerpo van envenenando lentamente nuestras células.

No hay que olvidar tampoco que nuestro ego negativo siempre desea mantenernos esclavizados y desgraciados. El ego negativo es esa voz que siempre nos dice «un bocado más, toma otro trago más, fuma un porro más, hazlo una vez más». Pero no somos nuestros cuerpos ni nuestros pensamientos ni nuestros egos. Poseemos nuestros cuerpos. Somos la mente pensante, la que tiene los pensamientos. Cuando nuestro respeto, dignidad y autoestima son fuertes, jamás cedemos a la voz del ego negativo. Somos mucho más de lo que creemos ser.

Ahora quiero que te levantes, cojas el libro y te pongas delante de un espejo. Mírate a los ojos y di en voz alta: «Te quiero, y desde este mismo momento voy a empezar a hacer cambios positivos en mi vida. Día a día iré mejorando mi calidad de vida. Me siento a salvo siendo feliz y realizada». Di esto unas tres o cuatro veces, sin dejar de respirar profundamente entre una y otra frase. Observa qué pensamientos pasan por tu mente cuando haces esta afirmación positiva. Si son negativos, deséchalos, no son más que vieja retórica. Diles: «Gracias por decírmelo». Puedes reconocer los pensamientos negativos sin darles poder. De ahora en adelante, siempre que veas un espejo, mírate a los ojos en él y di algo positivo. Si tienes prisa, simplemente repite: «Te quiero». Este sencillo ejercicio producirá fabulosos resultados en tu vida. Si no me crees, pruébalo.

## Las respuestas están en nuestro interior

Es importantísimo tener siempre presente que lo que pensamos y decimos se convierte en experiencias. Teniendo esto presente, prestaremos atención a nuestros modos de pensar y hablar, para poder adecuar la vida a nuestros sueños. Es posible que digamos con tristeza: «Ay, ojalá tuviera o pudiera tener…» o «Ay, si yo fuera, o pudiera ser…», pero sin usar las palabras y pensamientos que efectivamente pueden hacer realidad esos deseos; en cambio, lo que hacemos es visualizar lo peor. Tenemos todos los pensamientos negativos que se nos ocurren y después nos preguntamos por qué la vida no nos funciona como desearíamos.

Necesitamos encontrar nuestra Fuente Interior y nuestra Conexión Universal, esa Gran Fuente Central de toda vida. Necesitamos descubrir y utilizar nuestro Núcleo Interior. Todos tenemos en nuestro interior un tesoro de sabiduría, paz, amor y dicha. Ese tesoro está ahí, a una respiración de distancia. Yo creo que en el interior de cada uno hay un pozo *infinito* de paz, dicha, amor y sabiduría. Al decir que está a una respiración de distancia, quiero decir que lo único que hemos de hacer para conectar con ese lugar es cerrar los ojos, hacer una respiración profunda y decirnos: «Ahora voy a ese lugar de mi interior donde hay sabiduría infinita; las respuestas que busco están dentro de mí».

Todas las respuestas a todas las preguntas que nos haremos a lo largo de nuestra vida ya están dentro de nosotros. Solo tenemos que tomarnos el tiempo necesario para conectar con ellas. Ese es el valor y la importancia de la meditación. Nos acalla para que podamos escuchar la voz de nuestra Sabiduría Interior. Nuestra Sabiduría Interior es la mejor conexión directa que tenemos con toda la Vida. No hay ninguna necesidad de echar a correr tras esos dones de la Sabiduría Interior. Lo único que necesitamos es crear la ocasión para que venga a nosotros. ¿Y cómo se hace eso? Pues dedicándonos un tiempo a estar sentadas en silencio, para entrar en el interior y encontrar la paz, tan profunda y serena como un lago de montaña. Con la meditación podemos encontrar alegría, y conectar con un pozo infinito de amor. Todo eso ya está en nuestro interior. Nadie puede quitarnos esos tesoros.

Estamos hechas para explorar nuevas profundidades en nuestro interior y tomar nuevas decisiones sobre cómo deseamos vivir nuestras vidas. En cuanto mujeres hemos sido programadas para aceptar opciones limitadas. Muchas mujeres casadas se sienten terriblemente solas porque piensan que han perdido sus oportunidades. Han cedido su poder. Hacen lo que solía hacer yo: mirar a un hombre para que les dé todas las respuestas, en lugar de entrar en su interior. Pero para que haya cambios en nuestra vida lo primero que hay que hacer es tomar nuevas decisiones con la mente. Si cambiamos nuestra forma de pensar, el mundo exterior reaccionará de modo diferente.

Así pues, lo que te pido es que entres en tu interior dispuesta a cambiar tu manera de pensar. Conecta con los tesoros que tienes dentro y utilízalos. Cuando conectamos con nuestros tesoros interiores respondemos a la vida desde la magnificencia de nuestro ser. Conecta con tus tesoros cada día.

Es esencial que nos tomemos el tiempo necesario para escuchar a nuestra Sabiduría Interior. Ninguna persona puede estar totalmente conectada con su abundante conocimiento interior si no medita cada día. Estar sentadas en silencio es una de las cosas más valiosas que podemos hacer. Nadie del exterior puede saber más sobre nuestra vida ni sobre lo que es mejor para nosotras que nosotras mismas en nuestro interior. Escucha tu voz; siempre te guiará por la vida de la mejor manera posible para ti.

Creémonos un rico espacio interior. Que nuestros pensamientos sean nuestros mejores amigos. La mayoría de las personas tiene los mismos pensamientos una y otra vez. No hay que olvidar que tenemos un promedio de sesenta mil pensamientos al día, pero que la mayoría de ellos son los mismos que los del día anterior y que los del día anterior al anterior. Nuestros pensamientos pueden convertirse en surcos de ideas negativas o bien en cimientos para una nueva vida. Ten nuevos pensamientos cada día; pensamientos creativos; maneras distintas de hacer las mismas cosas.

Nuestra conciencia es como el jardín de nuestra casa; lo primero que hay que hacer es poner buena tierra. Empezaremos por arrancar todas las malas hierbas, quitar las piedras y sacar todos los restos que se encuentren. Después mezclaremos la tierra con abono y turba, de esta manera lo que se plante crecerá rápido, bien y hermoso. Lo mismo ocurre en nuestra mente. Si quieres que las afirmaciones crezcan rápidamente, comienza por eliminar todos los pensamientos y creencias negativos que puedas encontrar. Después planta algunas buenas ideas, algunos pensamientos positivos. Afirma lo que deseas tener en la vida y no habrá nadie que te detenga. Tu jardín de pensamientos crecerá y se desarrollará con abundancia.

## Superación del miedo

Debido a la manera en que fuimos educadas las mujeres, para cuidar, servir y anteponer las necesidades de los demás, la mayoría no tencmos suficiente autoestima ni sabemos autovalorarnos. Nos horroriza la idea de que puedan abandonarnos. Tememos las pérdidas y la falta de seguridad. No nos educaron para creer que podemos cuidar de nosotras mismas. Solo se nos enseñó a cuidar de los demás. Cuando una mujer se divorcia, se siente aterrada; si tiene hijos pequeños, el miedo es peor aún. «¿Cómo voy a poder arreglármelas sola?», es la pregunta.

También aguantamos trabajos o matrimonios desastrosos porque nos horroriza estar solas. Muchas mujeres se creen incapaces de cuidar de sí mismas, y sin embargo lo son.

Muchas sienten un gran miedo ante el éxito. Tienen la falsa idea de que no se merecen sentirse a gusto ni alcanzar la prosperidad. Pero es lógico que a la persona que siempre se la ha dejado en segundo lugar, le resulte difícil creerse digna de algo. A muchas mujeres las asusta tener más éxito o ganar más de lo que ganaban sus padres.

¿Cómo podemos superar, pues, el temor al abandono o el miedo al éxito? Son dos caras de la misma moneda. La respuesta está en aprender a confiar en el proceso de la Vida. La Vida está aquí para apoyarnos, para dirigirnos y guiarnos siempre que le permitamos hacerlo. Si nos hemos criado bajo sentimientos de culpabilidad y manipulaciones, entonces nos sentiremos poco dignas e incapaces. Si nos hemos criado en la creencia de que la Vida es difícil y terrible, nunca sabremos relajarnos ni dejar que la Vida cuide de nosotras. En los diarios y en la televisión leemos y vemos todos los crímenes que se cometen cada día y pensamos que el mundo nos persigue para hacernos daño. Pero todos vivimos bajo las leyes de nuestra conciencia, es decir, lo que creemos se nos hace realidad. Pese a ello, lo que es cierto para otra persona no tiene por qué serlo para nosotros. Si nos tragamos las creencias negativas de la sociedad, esas expectativas se harán ciertas para nosotros y seremos objeto de muchas experiencias negativas.

Sin embargo, a medida que aprendemos a amarnos, a medida que cambia nuestra forma de pensar y desarrollamos autoestima y dignidad, comenzamos a permitir que la Vida nos dé todos los bienes que nos tiene reservados. Esto podría parecer muy simplista, y lo es. Pero también es cierto. Cuando nos relajamos y nos permitimos creer: «La Vida está para cuidar de mí y estoy a salvo», entonces comenzamos a fluir con ella; comenzamos a notar sincronismos. Así pues, siempre que encuentres los semáforos en verde o un fabuloso lugar para aparcar, cuando alguien te traiga justamente lo que necesitabas u oigas precisamente la información que deseabas tener, di «¡Gracias!». Al Universo le encanta la persona agradecida. Cuanto más le agradezcas a la Vida, más motivo te dará esta para estar agradecida.

Sinceramente creo que estoy protegida por Dios, que solo me van a pasar cosas buenas y que estoy segura y a salvo. Sé que valgo y que merezco todo lo bueno. He tardado muchos años y he tenido que estudiar mucho para llegar hasta aquí. He tenido que liberarme de toneladas de negatividad. He pasado de ser una mujer amargada, temerosa, pobre, negativa, a ser una mujer segura y confiada que participa de la abundancia de la Vida. Si yo puedo, tú también puedes, siempre y cuando estés dispuesta a cambiar tus pensamientos.

Ojalá todos supiéramos que cada uno tenemos siempre dos ángeles guardianes a nuestro lado. Estos ángeles están para ayudarnos y guiarnos, pero hemos de pedir su ayuda. Nos aman muchísimo y esperan nuestra invitación. Aprende a conectar con tus ángeles y jamás volverás a sentirte sola. Algunas mujeres ven a sus ángeles, otras pueden tocarlos o escuchar sus voces; las hay que presienten sus nombres. A los míos los llamo «Chicos». Los presiento como un par. Cuando me encuentro ante un asunto o problema que no sé resolver, acudo a ellos. «Esto os toca arreglarlo a vosotros, Chicos. Yo no sé qué hacer.» Cuando me ocurren cosas buenas, o sincrónicas, de inmediato les digo: «Gracias, Chicos, ha sido fantástico, lo habéis hecho de maravilla. Os lo agradezco, de verdad». A los ángeles también les gusta la gratitud y el reconocimiento. Hazte ayudar por ellos, para eso están contigo. Les encanta hacerlo.

Para comenzar a comunicarte con tus ángeles particulares, siéntate en silencio, cierra los ojos, haz unas cuantas respiraciones profundas y trata de sentir su presencia detrás de ti, uno detrás de cada hombro. Siente su amor y calor. Pídeles que se te muestren. Permítete experimentar su protección. Pídeles que te ayuden a resolver algún problema, o que te den la respuesta a alguna pregunta que tengas. Tal vez sientas una conexión inmediata; quizá necesites más práctica. Pero de una cosa puedes estar segura: están ahí, y te aman. No hay nada que temer.

## Reconocer nuestras creencias

Ahora veamos cómo podemos liberarnos de nuestras creencias negativas o cambiarlas. En primer lugar tenemos que identificarlas. La mayoría de las personas no tenemos la menor idea de lo que en realidad creemos. Pero una vez que hemos logrado identificar la creencia negativa, podemos decidir si queremos que esa creencia continúe creándonos nuestras circunstancias.

El modo más rápido para descubrir nuestras creencias es hacer una lista. Coge unas cuantas hojas grandes de papel. Dedica cada página a un tema y encabézala con la frase: «Lo que creo acerca de ______________________»;

añades el tema: los hombres, el trabajo, el dinero, el matrimonio, el amor, la salud, el envejecimiento, la vejez, la muerte, etc. Utiliza este mismo encabezamiento para cualquier tema que tenga significado en tu vida y luego comienza a rellenar la lista de los pensamientos que vayan surgiendo. Este ejercicio no lo harás en dos minutos. Puedes dedicar un rato cada día a continuarlo. Escribe cualquier pensamiento que te surja, por estúpido que te parezca. Simplemente escríbelo. Estas creencias son las normas interiores inconscientes por las que riges tu vida. No podrás hacer cambios positivos mientras no reconozcas las creencias negativas que tienes, pero si tomas conciencia de ellas podrás rehacerte en cualquier momento y convertirte en la persona que deseas ser y vivir la vida con que sueñas.

Cuando tengas más o menos completadas las listas, léelas. Marca con un asterisco las creencias que sean sustentadoras y te ofrezcan apoyo. Son creencias que te conviene mantener y reforzar. Con un lápiz o bolígrafo de otro color marca las creencias negativas y dañinas para tus objetivos. Son las que te impiden ser lo que puedes llegar a ser; te conviene erradicarlas y reprogramarlas.

Mira cada creencia negativa y pregúntate: «¿Quiero que esta creencia continúe rigiendo mi vida? ¿Estoy dispuesta a dejar marchar esta creencia?». Si estás dispuesta a cambiar, haz una nueva lista. Toma cada afirmación negativa (las creencias son afirmaciones) y conviértela en una declaración positiva para tu vida;

por ejemplo, «Mis relaciones con los hombres son desastrosas» podría convertirse en «Los hombres me quieren y respetan»; «Jamás llegaré a ser nada» se convertirá en «Soy una mujer segura y hábil»; «No sé cómo encontrar un buen trabajo» en «La Vida me trae el trabajo perfecto»; «Paso de una enfermedad a otra» se transforma en «Soy una mujer robusta, fuerte y sana». Estos ejemplos los he tomado de mi propia experiencia. Tú también puedes coger cada una de tus creencias negativas y transformarlas en tus nuevas leyes de vida. Créate las directrices que deseas seguir. Convierte cada cosa negativa en una positiva. Lee en voz alta esas afirmaciones positivas cada día. Hazlo delante de un espejo, así se harán realidad más pronto. Los espejos tienen una magia especial a la hora de hacer afirmaciones.

## Afirmaciones: dar una nueva dirección a la vida

Las afirmaciones siempre deben hacerse en tiempo presente: Di «Tengo» o «Soy» en lugar de «Tendré» o «Deseo ser». Cuando las afirmaciones se hacen en futuro, los resultados siempre se quedan «ahí», fuera de nuestro alcance.

Con mucha frecuencia no nos reservamos tiempo en nuestro apretado programa para trabajar con nosotras mismas. Una buena manera de sacar ese tiempo para el trabajo interior es juntarse con una o varias amigas y formar un pequeño grupo de estudio. Se puede dedicar una tarde o una noche por semana para este fin. Haced las listas juntas. Ayudaos mutuamente a hacer las afirmaciones, o comentad partes de este libro. Unas cuantas semanas de explorar ideas en común pueden obrar milagros. Podéis aprender unas de otras. La energía colectiva es muy fuerte. Lo único que necesitáis es una libreta de apuntes, un espejo, una gran caja de pañuelos de papel y un corazón amoroso y abierto. Os aseguro que, al margen del número de mujeres que os reunáis, cada una tomará más conciencia de quién es y mejorará la calidad de su vida.

Hagámonos unas cuantas preguntas. Si las contestamos con sinceridad, las respuestas pueden darnos una nueva dirección en la vida:

- ¿Cómo puedo aprovechar este tiempo para mejorar mi vida todo lo que pueda?
- ¿Cuáles son las cosas que deseo de una pareja?
- ¿Qué cosas creo que necesito obtener de una pareja?
- ¿Qué puedo hacer para satisfacer esas necesidades? (No esperes que la pareja te lo haga todo. Eso sería una carga terrible para él o ella.)
- ¿Qué me llenaría? ¿Cómo puedo dármelo?
- ¿Qué excusa encuentro para criticarme cuando no tengo otra persona que lo haga?
- Si nunca más volviera a tener una pareja, ¿eso me destruiría? ¿O me convertiría en un faro para guiar por el buen camino a otras mujeres?

- ¿Qué he venido a aprender? ¿Qué he venido a enseñar?
- ¿De qué manera puedo colaborar con la Vida?

Ya es hora de que todas desarrollemos nuestra propia filosofía de la vida y de que nos creemos nuestras propias leyes personales, afirmaciones según las cuales podamos vivir, creencias que nos sustenten y apoyen. A continuación puedes leer el conjunto de leyes que me he creado para mí misma a lo largo de bastante tiempo:

- Siempre estoy a salvo y bajo protección divina.
- Todo lo que necesito saber se me revela.
- Todo lo que necesito viene a mí en el momento y lugar oportunos.
- La vida es alegre y está llena de amor.
- Amo y soy amada.
- Estoy llena de salud.
- Adondequiera que vaya prospero.
- Estoy dispuesta a cambiar y a crecer.
- Todo está bien en mi mundo.

Con frecuencia repito estas afirmaciones. Suelo comenzar y acabar el día con ellas. Las repito una y otra vez si algo va mal en cualquier aspecto. Por ejemplo, si me siento indispuesta repito: «Estoy llena de salud», hasta que me encuentro mejor. Si entro en un sitio oscuro me digo a mí misma: «Siempre estoy a salvo y bajo protección divina». Tengo estas creencias tan integradas en mí que puedo acudir a ellas en un instante. Te recomiendo que hagas una lista de las afirmaciones que en la actualidad reflejan tu filosofía de vida. Siempre puedes cambiarlas o añadir otras. Créate tus leyes personales ahora mismo. Créate un Universo seguro. El único poder que puede hacer daño a tu cuerpo o entorno son tus propios pensamientos o creencias. Y estos pensamientos y creencias se pueden cambiar.

Yo también tengo problemas y crisis, como todo el mundo, pero como te muestro a continuación, he aprendido a manejarlos. Así pues, tan pronto me surge un problema, digo:

*Todo está bien. Todo está funcionando para mi mayor bien. De esta experiencia solo saldrá el bien. Estoy a salvo.*

O:

*Todo está bien. Todo está funcionando para el mayor bien de todas las personas involucradas. De esta experiencia solo saldrá el bien. Estamos a salvo.*

Repito una y otra vez una variación de una de estas afirmaciones durante más o menos veinte minutos, a veces sin parar. Pasado un rato, o bien se me aclara la mente y veo de otra manera la situación, o encuentro una solución, o suena el teléfono y me entero de que alguien ha cambiado de postura o actitud. A veces cuando superamos el terror de una situación, descubrimos que el cambio ha sido en realidad mejor de lo que lo habíamos planeado al principio. A veces la manera en que intentamos controlar la situación no es la mejor para nosotros.

Mantener esta actitud y repetir la afirmación siempre me da buenos resultados. Me alejo del problema y afirmo la verdad sobre mí misma y sobre mi vida. Alejo a mi «mente preocupada» del problema, porque estorba, y dejo vía libre para que el Universo pueda hallar una solución. Adopto esta actitud cuando me encuentro en un embotellamiento de tráfico, en los aeropuertos, en mis relaciones con otras personas, cuando me enfrento a problemas de salud o cuestiones de trabajo. Esto no es más que aprender a fluir con la vida en lugar de luchar con cualquier cambio de planes. Haz de esta tu «nueva» forma de afrontar los problemas y verás cómo desaparecen.

Aprender y crecer forma parte de la evolución del alma. Siempre que aprendemos algo nuevo profundizamos nuestro entendimiento de la Vida. Hay muchísimas cosas de esta que aún no hemos aprendido. Todavía nos falta por explorar y usar un noventa por ciento de nuestro cerebro. Pienso que estamos en una época increíble y estimulante para vivir. Cada mañana cuando me despierto le doy las gracias a la Vida por el privilegio de estar aquí y experimentar todo lo que existe. Forma parte de mis cinco o diez minutos de gratitud comenzar dando las gracias a mi cama por haberme permitido dormir bien. Expreso mi gratitud por mi cuerpo, mi hogar, mis animales, mis amigos, las cosas materiales que poseo y todas las maravillosas experiencias que sé que tendré durante el día. Siempre termino pidiéndole a la Vida que me otorgue más comprensión para tener una visión cada vez más amplia. Porque ver y saber más, hace la Vida más simple. Confío en que mi futuro será bueno.

Ten presente: las afirmaciones son declaraciones positivas que reprograman conscientemente la mente para aceptar nuevas maneras de vivir. Elige afirmaciones que te den poder como mujer. Cada día afirma algunas de las siguientes:

*Afirmaciones para mujeres*

*Recupero mi poder femenino ahora.*
*Estoy descubriendo lo maravillosa que soy.*
*Veo en mi interior un ser magnífico.*
*Soy sabia y hermosa.*
*Amo lo que veo en mí.*
*Elijo amarme y disfrutar de mí misma.*
*Soy independiente.*
*Gobierno mi vida.*
*Expando mis capacidades.*
*Soy libre para ser todo lo que puedo ser.*
*Tengo una vida fabulosa.*
*Mi vida está llena de amor.*
*El amor de mi vida comienza por mí misma.*

*Tengo dominio sobre mi vida.*
*Soy una mujer poderosa.*
*Soy digna de amor y respeto.*
*No estoy sometida a nadie; soy libre.*
*Estoy dispuesta a aprender nuevas formas de vivir.*
*Vuelo con mis propias alas.*
*Acepto y uso mi poder.*
*Me siento en paz sin pareja.*
*Soy feliz y disfruto donde estoy.*
*Me amo y disfruto conmigo misma.*
*Quiero, apoyo y disfruto con las mujeres de mi vida.*
*La vida me satisface plenamente.*
*Exploro todas las avenidas del amor.*
*Me encanta ser mujer.*
*Me agrada vivir en este momento*
*del tiempo y del espacio.*
*Lleno de amor mi vida.*
*Acepto el regalo de este tiempo sola.*
*Me siento totalmente sana y completa.*
*Me doy lo que necesito.*
*Estoy segura y a salvo creciendo.*
*Estoy a salvo y todo está bien en mi mundo.*

## Meditación sanadora

Estoy dispuesta a ver mi magnificencia. Elijo eliminar de mi mente y de mi vida todas las ideas y todos los pensamientos negativos y destructores que me impiden ser la mujer magnífica que estoy destinada a ser. Ahora vuelo con mis propias alas, me apoyo y pienso por mí misma. Me doy lo que necesito. Me siento segura creciendo. Cuanto más me realizo, más personas me aman. Me uno a las filas de mujeres que sanan a otras mujeres. Soy una bendición para el planeta. Mi futuro es brillante y hermoso.

*¡Y así es!*

Recuerda: Cualquier pequeño cambio positivo en tu manera de pensar puede comenzar a desenredar el problema más enorme. Cuando le haces las preguntas correctas a la Vida, esta te responde.

Hay muchas maneras de hacer los cambios. Podríamos comenzar por mirar con sinceridad nuestras imperfecciones. No me refiero a sacar lo malo que pueda haber en nosotras, sino a ver las barreras que hemos levantado y que nos impiden ser todo lo que podemos ser, y, sin reprendernos, eliminarlas y hacer cambios. Sí, muchas de esas barreras son cosas que aprendimos en la infancia. Cosas que jamás concuerdan con nosotras. Simplemente las aceptamos de otra persona. Pero si en una ocasión las aprendimos, ahora podemos olvidarlas. Una vez reconocemos que estamos dispuestas a aprender a amarnos, será necesario desarrollar ciertas pautas:

1. *Abandona toda crítica.* Criticar es un acto inútil; la crítica jamás lleva a nada positivo. No te critiques, quítate esa carga de encima. Tampoco critiques a los demás, ya que los defectos que

encontramos en otros son simples proyecciones de las cosas que no nos gustan en nosotros mismos. Pensar negativamente de otra persona es una de las grandes causas de limitación en nuestra vida. Solo nosotros nos juzgamos. Ni la Vida, ni Dios ni el Universo nos juzgan.

*Me amo y me apruebo.*

2. *No te metas miedo.* Todas tenemos que dejar de hacerlo. Con demasiada frecuencia nos aterrorizamos con nuestros pensamientos. Solamente podemos pensar un pensamiento por vez. Aprendamos a pensar mediante afirmaciones positivas. De esa manera nuestros pensamientos mejorarán nuestra vida. Si te sorprendes metiéndote miedo, di inmediatamente:

*Dejo marchar la necesidad de asustarme.*
*Soy una expresión divina y magnífica de la vida,*
*y desde este momento vivo plenamente.*

3. *Comprométete en la relación que tienes contigo misma.* Nos entregamos mucho en las relaciones que tenemos con los demás, pero a nosotras mismas más o menos nos dejamos de lado. Solo de vez en cuando nos damos tiempo para nosotras. Así pues, quiérete de verdad, comprométete a amarte. Cuida de tu corazón y de tu alma.

*Soy mi persona favorita.*

4. *Trátate como a una persona amada.* Respétate y mímate. Cuando te ames a ti misma estarás más abierta al amor de otras personas. La Ley del Amor requiere que concentres tu atención en lo que deseas, no en lo que no deseas. Concéntrate en amarte.

   *En este momento me amo totalmente.*

5. *Cuida tu cuerpo.* Nuestro cuerpo es un templo precioso. Si quieres vivir una vida larga y satisfactoria es necesario que te cuides ahora. Necesitas tener buen aspecto y, por encima de todo, sentirte bien, con muchísima energía. La nutrición y el ejercicio son importantes. Has de mantener flexible el cuerpo y moverte con agilidad hasta el último día en que habites en el planeta.

   *Soy feliz, sana y completa.*

6. *Edúcate.* Con mucha frecuencia nos lamentamos de no saber esto o aquello y no sabemos qué hacer. Pero somos inteligentes y capaces de aprender. En todas partes encontrarás libros, audios y clases. Si no puedes gastar mucho dinero, aprovecha las bibliotecas. Busca un grupo de autoayuda. Yo sé que continuaré aprendiendo hasta el último día de mi vida.

   *Constantemente estoy aprendiendo y creciendo.*

7. *Constrúyete un futuro económico.* Toda mujer tiene derecho a tener su propio dinero. Esto es una creencia que es importante aceptar. Forma parte de nuestra dignidad como personas. Siempre podemos empezar por poco. Lo importante es continuar ahorrando. Es bueno hacer afirmaciones en este sentido.

   *Constantemente aumento mis ingresos.*
   *Prospero en todo lo que hago.*

8. *Incentiva tu lado creativo.* La creatividad puede ser cualquier actividad que te llene. Cualquier cosa, desde preparar un pastel hasta diseñar un edificio. Guarda tiempo para expresarte. Si tienes hijos y el tiempo es lo que escasea, búscate alguna amiga que pueda ayudarte a cuidar de los niños y viceversa. Las dos os merecéis tener tiempo para vosotras. Sois dignas de ese tiempo. Afirma:

   *Siempre encuentro tiempo para ser creativa.*

9. *Haz de la alegría y la felicidad el centro de tu mundo.* La alegría y la felicidad están siempre en nuestro interior. Procura estar conectada con ese lugar interior tuyo. Construye tu vida en torno a esa alegría. Cuando nos sentimos felices somos creativas, no nos alteran las pequeñeces y estamos receptivas a nuevas ideas. Una buena afirmación para repetir con frecuencia es:

   *Estoy inundada de alegría y expreso felicidad.*

10. *Sé íntegra; cumple tu palabra.* Para honrarnos y respetarnos debemos tener integridad. Hemos de aprender a cumplir nuestras promesas. No hagas una promesa que no puedas cumplir, ni siquiera a ti misma. No te prometas comenzar una dieta mañana ni hacer ejercicios cada día a no ser que sepas que lo vas a cumplir. Necesitas poder confiar en ti misma.

11. *Desarrolla una fuerte conexión espiritual con la Vida.* Esta conexión puede tener que ver o no con la religión en que nos educamos. Cuando éramos pequeñas no teníamos elección. Ahora, de adultas, podemos elegir nuestro camino y creencias espirituales. Los momentos de soledad son momentos especiales de la vida. Tu relación con tu yo interior es lo más importante. Procúrate momentos de silencio y quietud y comunícate con tu guía interior.

    *Mis creencias espirituales me apoyan y me ayudan a ser todo lo que puedo ser.*

Nos conviene tomar estas ideas y reafirmarlas hasta que estén sólidamente instaladas en nuestra conciencia y formen parte de nuestra vida.

# 4
# La relación con una misma

En esta parte del libro, en lugar de tratar la manera de ser más feliz en las relaciones actuales o de encontrar la pareja perfecta (temas sobre los que ya se han escrito muchos libros), deseo centrarme en la relación más importante de nuestra vida, la relación que uno tiene consigo mismo.

Algunas mujeres se quedan atascadas en la pregunta «¿Cómo puedo ser feliz sin pareja?». La sola idea las aterroriza. Pero es necesario que reconozcamos nuestros temores, los superemos y los dejemos atrás. Haz una lista de todos tus temores («Lo que temo es...», «Tengo miedo de...»), examínalos atentamente y luego comienza a diluirlos. No es necesario que luches contra ellos; eso les daría demasiado poder. Medita sobre cada uno de tus temores y luego déjalos caer uno por uno en un riachuelo para que se disuelvan en el agua y desaparezcan arrastrados por la corriente. Después convierte cada uno de esos temores en una afirmación positiva. Así pues, la frase: «Me da miedo que nadie me vuelva a amar jamás» se puede convertir en «Yo ya soy alguien y me amo de verdad y profundamente». Si no somos capaces de darnos el amor que decimos desear, entonces jamás vamos a encontrarlo fuera de nosotras. No pierdas el tiempo deseando algo que no tienes en ese momento. Comienza por ser amorosa y tierna contigo misma. Haz que tu cuerpo y tu corazón experimenten cómo es el amor. Trátate como desearías que te tratara tu amante.

Casi toda mujer vive sola en algún momento de su vida: de joven, cuando todavía está soltera, después de haberse divorciado o bien cuando se ha quedado viuda. Creo que todas las mujeres, incluso aquellas que gozan de una maravillosa relación en estos momentos, necesitan hacerse la pregunta «¿Estoy preparada para vivir sola?». Depender totalmente de que otras personas cuiden de nosotras no es estar conectada con nuestros recursos interiores. Incluso cuando mantenemos una relación necesitamos tener momentos de soledad, tanto para descubrir quiénes somos como para pensar en los objetivos y cambios que queremos hacer. Nuestro tiempo a solas puede ser tan satisfactorio como el tiempo que pasamos con otras personas, sobre todo si hacemos de nuestros pensamientos nuestros mejores amigos.

Actualmente una mujer soltera tiene todo el mundo por delante. Puede llegar tan alto como sus capacidades y fe en sí misma se lo permitan. Puede viajar, elegir el tipo de trabajos que quiera realizar, ganar dinero, tener muchos amigos y desarrollar mucha autoestima. También puede tener parejas sexuales y relaciones amorosas cuando lo desee. Hoy, incluso, la mujer puede decidir tener un hijo sin necesidad de estar casada y seguir siendo socialmente aceptada, como hacen muchas de nuestras famosas actrices y otras figuras públicas. La mujer de hoy puede crear su estilo de vida.

Es posible que muchas mujeres, de todo el mundo, jamás tengan una relación duradera con un hombre. Pueden quedarse solteras durante toda su vida. En la actualidad, en Estados Unidos hay aproximadamente 122 millones de hombres y 129 millones de mujeres. Esta diferencia es aún mayor en otros países, como por ejemplo en Francia. La soltería está aumentando como nunca antes. Pero no debemos tomar esta realidad estadística como una tragedia, sino como una oportunidad para la evolución de las mujeres. Ya sabemos lo que suele ocurrir en la vida; cuando no se hacen los cambios que es necesario hacer, esta interviene y nos obliga a hacerlos: no dejas el trabajo que detestas y acaban por despedirte. La vida te da la oportunidad que no quisiste tomar por ti misma. Las mujeres no han hecho los cambios de conciencia necesarios para realizarse y recuperar su poder y ahora la vida las está empujando en esa dirección.

## Todas tenemos amor en nuestro interior

Es una pena que haya tantas mujeres que todavía continúen llorando y lamentándose por no tener un hombre a su lado. No tenemos por qué sentirnos incompletas por el mero hecho de no estar casada o no tener novio o compañero. Cuando «buscamos amor», lo que estamos diciendo es que no lo tenemos. Pero todas contamos con nuestro amor interior. Nadie nos podrá dar jamás el amor que nosotras mismas podemos darnos. Una vez que nos damos amor, nadie puede quitárnoslo. Es necesario que dejemos de «buscar amor en los lugares equivocados». La adicción a buscar pareja es tan dañina como permanecer en una relación adictiva o disfuncional. Si somos adictas a encontrar pareja, esa adicción solo refleja nuestros sentimientos de carencia. Eso es tan dañino como cualquier otra adicción. Es otra manera de preguntarnos: «¿Qué tengo de malo?».

En torno a la «adicción a encontrar pareja» hay mucho miedo y muchos sentimientos de «no valer lo suficiente». Nos urgimos tanto a encontrar pareja que demasiadas mujeres caen en relaciones insatisfactorias, que incluso pueden llegar a ser abusivas. No tenemos por qué hacernos eso. No es un acto de amor por una misma.

No tenemos por qué infligirnos dolor y sufrimiento ni tampoco sentirnos terriblemente solas y desgraciadas. Todo eso son elecciones que podemos cambiar por otras «nuevas» que nos apoyen y satisfagan. De acuerdo, hemos sido programadas para aceptar opciones limitadas. Pero eso era antes. No debemos olvidar que este es un nuevo día, y que el poder está siempre en el momento presente. Lo que elegimos creer y aceptar hoy cimentará nuestro futuro. Podemos cambiar nuestros pensamientos y creencias. Podemos empezar ahora mismo, en este momento, a crearnos nuevos horizontes. Empecemos a considerar un regalo nuestro tiempo a solas.

A veces es más conveniente estar sola. Cada vez son más las mujeres que cuando han acabado su relación matrimonial (ya sea por divorcio o por la muerte del cónyuge), y pueden seguir manteniéndose, eligen no volverse a casar; el matrimonio es una costumbre que beneficia principalmente a los hombres. Para ellas casarse es entrar en servidumbre y perder la independencia. A las mujeres se nos ha enseñado a negarnos en aras del matrimonio, mientras que los hombres creen que este existe para apoyarlos. En lugar de perder su independencia, muchas mujeres eligen ahora continuar solteras. Ya no les atrae la idea de obedecer a un hombre.

Hay un viejo proverbio que dice: «Las mujeres sostienen la mitad del cielo». Ya es hora de que lo hagamos realidad. Pero no lo aprenderemos gimiendo, enfadándonos, haciéndonos las víctimas ni cediendo nuestro poder a los hombres o al sistema. Los hombres de nuestras vidas son un claro reflejo de lo que creemos de nosotras mismas. Así, con frecuencia buscamos que otros nos hagan sentir amadas y conectadas, cuando lo único que pueden hacer es reflejar nuestra relación con nosotras mismas. Pero lo que necesitamos de verdad es mejorar la relación que tenemos con nosotras mismas para poder avanzar. Deseo concentrar la mayor parte de mi trabajo en ayudar a las mujeres a «aceptar y utilizar» su poder de las maneras más positivas.

Todas necesitamos tener muy claro que el amor de nuestra vida comienza por nosotras mismas. Solemos buscar al «hombre ideal» que nos solucione todos los problemas, bajo la figura del padre, novio o marido. Pero ha llegado el día en que cada una será su propia «pareja ideal». Si en estos momentos no tengo a mi lado al hombre de mi vida, siempre puedo ser yo misma mi pareja ideal. Puedo tomar las riendas y crearme el tipo de vida que deseo llevar.

Así pues, si ahora mismo no mantienes una relación con nadie, no pienses ni mucho menos que estás *condenada* a quedarte sola. Considéralo una oportunidad para crearte una vida que ni soñabas fuera posible. Cuando yo era una niña, y más adelante una adolescente, jamás me podría haber imaginado la vida que llevo ahora. Ámate y deja que la Vida te lleve adonde estás destinada a ir. Todas las barreras están levantadas. Podemos volar tan alto como queramos.

# 5
# Maternidad, hijos y autoestima

«Mientras tengamos que "suplicar" al sistema
que nos permita controlar nuestra fertilidad,
seremos esclavas. Los medios para hacerlo han
de estar en nuestras manos».

SONJA JOHNSON, *FROM HOUSEWIFE TO HERETIC*

Quisiera hablar un poco sobre los hijos y la maternidad. Sé que he tenido muchos hijos en mis numerosas vidas. En esta no los tengo. Y lo acepto y me parece perfecto para mí en este momento. El Universo ha llenado mi vida de ricas experiencias y me ha convertido en una segunda madre para muchas personas.

Por favor, no te tragues la creencia de que una mujer no puede realizarse si no tiene un hijo. Eso podría valer para muchas mujeres, pero no para todas. La sociedad insiste en que todas las mujeres deben tener hijos, lo cual es una buena forma de mantenerlas en su lugar. Siempre creo que hay un motivo para todo. Si una mujer no tiene hijos, quizá sea porque está destinada a hacer otras cosas en la vida. Si no tienes hijos y los deseas, y sientes tu situación como una pérdida, laméntalo y llóralo. Después continúa con tu vida. No te quedes para siempre en la etapa de las lamentaciones. Afirma:

> *Sé que todo lo que ocurre en mi vida es para mi mayor bien. Estoy plenamente realizada.*

Hay muchísimos niños abandonados en el mundo. Si de verdad queremos dar rienda suelta a nuestro instinto maternal, el rescate y la adopción es una buena alternativa. Podemos ser madres de otras mujeres. Podemos proteger a una mujer extraviada y ayudarla a volar. Podemos cuidar animales. Yo tengo cuatro perros y dos conejitos. Todos los he rescatado de algún refugio y cada uno de ellos ha llegado a mí con su propia historia de maltratos. Pero sé que un año de amor puede hacer maravillas por todo el mundo, incluso por los animales. Podemos trabajar de muchas formas para mejorar el mundo.

Se está desarrollando una enorme industria para «vender» fertilidad, que ya se ha convertido en un negocio que mueve dos mil millones de dólares. Las clínicas para problemas de fertilidad suelen usar técnicas de promoción agresivas y prácticamente no existen normativas en esta industria. Es evidente que no conviene que la búsqueda del embarazo se convierta en un acto de desesperación mientras la mujer mantiene su vida en suspenso. La fertilización *in vitro* se ha convertido en una nueva moda social, y no es una moda sana. Si tu cuerpo está destinado a tener un bebé, lo tendrá. Si no te quedas embarazada, habrá una buena razón para ello. Acéptalo. Puedes hacer otras cosas con tu vida. Hasta podrías encontrar una vocación que te sorprenda.

En mi opinión, hay que mantenerse alejada de los tratamientos para la fertilidad. Todavía no sabemos lo suficiente sobre ellos. Los médicos están experimentando con los cuerpos de las mujeres y con los fetos. Además, son muy caros y, al parecer, peligrosos. Ahora comienzan a salir a la luz las primeras noticias sobre algunos de los horrores relacionados con estos casos. Una mujer que se hizo cuarenta tratamientos, lo que le supuso desembolsar grandes sumas de dinero, no solo no quedó embarazada sino que contrajo el sida. Una de las muchas personas donantes estaba infectada. He leído casos de parejas que han hipotecado su casa para poder pagar el tratamiento y no han tenido éxito. Así pues, piénsatelo muy bien antes de comenzar un tratamiento de este tipo. Lee todo lo que puedas encontrar sobre el tema, y no solo los informes que publican las clínicas especializadas. Infórmate y sé consciente.

El tema del aborto en nuestra sociedad no es fácil, ya que en torno a él se han desatado numerosas actitudes violentas. A diferencia de China, donde a las mujeres se las obliga a abortar para que no aumente la población, aquí hemos convertido el aborto en un problema moral e incluso político. Para los chinos es una necesidad. Pero lo que realmente quieren decirnos los grupos antiabortistas es que la mujer debe mantenerse en su lugar. Hemos de parir y servir a nuestras familias. Nuestra capacidad reproductora se debate como un asunto político. La decisión de abortar es siempre difícil. Si bien es mejor no tener que hacerlo, yo jamás condenaría a una mujer que se encuentra en una situación desesperada y toma la decisión de tirarlo adelante.

He oído hablar de unas curanderas indias del norte de Baja California (México) que afirman conocer unas hierbas para prevenir el embarazo. Se toman dos veces y evitan el embarazo durante ocho años, sin efectos secundarios. Siempre he sabido que la Naturaleza tiene un remedio para todo, solo hay que estar dispuesta a aprender sus secretos. Aquellos que somos más «civilizados», más sofisticados y que estamos más alejados de la naturaleza, recurrimos a sustancias químicas y a la cirugía en busca de respuestas.

Espero con ansia el momento en que podamos aprender a aceptar o a rechazar mentalmente el embarazo. Sé que esa es una de las cosas que somos capaces de hacer con nuestras mentes. Pero aún no hemos aprendido a hacerlo. Los científicos dicen que solo usamos un diez por ciento de nuestro cerebro. Sin embargo, estoy segura de que algún día desarrollaremos el otro noventa por ciento y encontraremos capacidades que ni siquiera ahora podemos imaginar.

## Criar a los hijos en el amor hacia sí mismos

Hay también muchas madres que se esfuerzan para criar a sus hijos solas. Este es un trabajo muy difícil y aplaudo a todas y cada una de las mujeres que pasan por esta experiencia. Esas mujeres sí que saben lo que significa la palabra «cansada». Dado el elevado índice de divorcios, cada mujer recién casada debe preguntarse antes de tener hijos: «¿Estoy dispuesta y me siento capaz de criar a mis hijos sola?». Criar hijos es más trabajo de lo que muchas recién casadas pueden siquiera imaginar. Y criarlos sola es abrumador. La sociedad debe insistir para que se abran guarderías apropiadas que ayuden a las mujeres que trabajan fuera de casa. Y las mujeres por nuestra parte debemos insistir para que se aprueben leyes que protejan a las mujeres y a los niños.

Como madres, no tenemos por qué ser «supermujeres», ni tenemos por qué ser «progenitoras perfectas». Si deseas aprender nuevas habilidades, lee algunos de los fabulosos libros que hay ahora en el mercado sobre ser padres, como por ejemplo el de Wayne Dyer, *La felicidad de nuestros hijos.* Si eres una madre amorosa, tus hijos tienen excelentes posibilidades de crecer para ser el tipo de personas que te gustaría tener como amigas. Serán personas realizadas y prósperas. La realización personal produce paz interior. Creo que lo mejor que podemos hacer por nuestros hijos es aprender a amarnos a nosotras mismas, porque los hijos aprenden con el ejemplo. Mejorarás la calidad de tu vida y ellos también. La estima que desarrolles por ti misma producirá autoestima en toda tu familia.

Ser madre sola también tiene un aspecto positivo: la oportunidad de criar a tus hijos para que en un futuro sean los hombres que dices desear. Las mujeres se quejan muchísimo del comportamiento y actitudes de los hombres, y sin embargo son ellas quienes crían a los hijos. Si queremos hombres amables, dulces y conectados con su lado femenino, de nosotras depende criarlos así. ¿Qué deseas en un hombre, en un marido? Te recomiendo que lo escribas todo en una hoja y tengas muy claro lo que realmente deseas. Luego enséñale a tu hijo a ser así. Su esposa te lo agradecerá y te querrá por ello, y tú y tu hijo tendréis una buena relación toda la vida.

Si estás sola, por favor, no hables mal de tu exmarido. Lo único que les enseñas con eso a tus hijos es que el matrimonio es una guerra, y cuando crezcan sus matrimonios serán también un campo de batalla. Una madre tiene más influencia que nadie en sus hijos. ¡Madres, uníos! Cuando las mujeres se unan podremos tener el tipo de hombres que decimos desear, en solo una generación.

Cómo me gustaría que en las escuelas de enseñanza básica se enseñara la autoestima y la dignidad como una asignatura diaria. Capacitar a los niños pequeños significa tener adultos poderosos. Con frecuencia recibo cartas de algunas mujeres y hombres que trabajan en la enseñanza y en las que me cuentan los resultados tan maravillosos que consiguen cuando enseñan estos métodos. Es fantástico ver lo que pueden hacer con los niños. Generalmente solo los tienen en un curso, pero aun así, pueden instilar en cada uno de ellos algunas ideas positivas.

Cuando nuestras hijas aprendan a capacitarse y hacerse poderosas no se dejarán maltratar ni humillar en ningún aspecto. Y nuestros hijos no tardarán en aprender a respetar a todas las personas, entre ellas a todas las mujeres de sus vidas. Ningún bebé varón nace siendo dominante y ninguna niña nace siendo víctima y sin dignidad y autoestima. Los maltratos a los demás y la falta de autoestima son conductas *aprendidas*. A los niños se les enseña la violencia y a las niñas a aceptar ser las víctimas. Si queremos que los adultos de nuestra sociedad se traten con respeto mutuo, hemos de enseñar a nuestros hijos a ser amables y a respetarse a sí mismos. Solo de esa manera los dos sexos se honrarán y respetarán entre ellos.

Si eres madre, tienes la oportunidad de servir de ejemplo. Puedes enseñarles a tus hijos a hacer afirmaciones y a ponerse ante el espejo. A los niños les gusta mucho hacerlo. Trabajad juntos delante de un espejo. Podéis haceros afirmaciones mutuamente, y ayudaros a crear experiencias positivas. La familia que hace afirmaciones unida tiene una vida fabulosa. Que tus hijos sepan lo importantes que son sus pensamientos. Los niños aprenderán que en parte son responsables de sus experiencias; son cocreadores de sus vidas, lo cual les da el poder de hacer cambios.

Los padres tienen la tendencia a reprimir muchas emociones. En cada matrimonio suele haber problemas no dichos, no comunicados, que no han sido tratados. Los hijos notan y expresan estos problemas. Lo que llamamos los «terribles dos años» no es más que el reflejo por parte de los hijos de estos sentimientos reprimidos de sus padres. Durante la adolescencia estos comportamientos problemáticos experimentan una escalada. Los padres tienen la tendencia a culpar a sus hijos en vez de dedicarse a resolver sus propios problemas. Si tu hijo se comporta mal, pregúntate qué problemas emocionales reprimidos de la pareja podría estar reflejando. Cuando hayáis liberado vuestros resentimientos y os hayáis perdonado, veréis cómo vuestros hijos cambian milagrosamente de actitud.

En la vida muchas veces confundimos al mensajero con el mensaje y por lo tanto no captamos la lección. Cuando nuestros hijos u otros niños hacen algo que nos molesta, solemos enfadarnos y echarles la culpa. No entendemos que lo único que están haciendo es representar un papel en nuestra obra, reflejando alguna creencia, comportamiento o problema reprimido dentro de nosotros. Nos están mostrando algo de lo que en ese momento tenemos la posibilidad de liberarnos. La próxima vez que te enfades mucho con alguien, intenta distanciarte de la situación y pregúntate: «¿Qué puedo aprender de esto? ¿De qué forma este incidente me recuerda algo de mi infancia? ¿Cuál es el comportamiento que espero? ¿Estoy dispuesta a perdonarme o a perdonar a las personas implicadas en ese incidente de mi infancia?».

Nuestros hijos y nuestros amigos suelen enseñarnos cosas de nosotras mismas que no deseamos ver ni tratar. A veces preferimos evitar las lecciones que tenemos que aprender.

# 6
# Creación de buena salud

Es necesario que las mujeres nos mantengamos al corriente de los numerosos métodos alternativos que hay para tratar nuestros cuerpos. Sencillamente, no podemos depender de los fabricantes de comprimidos. Los anuncios de la televisión jamás nos informarán a este respecto. Por otra parte, los medicamentos que se compran sin receta pueden enmascarar un síntoma, pero no tienen nada que ver con la verdadera curación. Si nos aferramos a las antiguas creencias sobre el puesto de la mujer en la sociedad y continuamos utilizando los viejos métodos para tratar nuestra salud, nos resultará muy difícil capacitarnos y recuperar nuestro poder.

Ya ha llegado el momento de que recuperemos el poder que hemos entregado a la industria médica y farmacéutica. Hasta ahora hemos ido de un lado a otro siguiendo las directrices de la medicina de alta tecnología, que es carísima y que muchas veces nos destruye la salud. Es hora de que todas aprendamos a tener el control de nuestros cuerpos y nos procuremos buena salud, salvando así millones de vidas y ahorrando muchísimo dinero. Cuando lleguemos a entender realmente la conexión cuerpo-mente, desaparecerá la mayoría de nuestros problemas de salud.

En las tiendas de alimentos dietéticos puedes adquirir muchas publicaciones que enseñan a mantener el cuerpo sano. Todo lo que aprendamos sobre nosotras mismas y sobre la vida nos dará poder. Recomiendo especialmente el libro *Women's Bodies, Women's Wisdom**, de la doctora Christiane Northrup. La doctora Northrup, famosa ginecóloga holista, se ha convertido en mi mentora. También recomiendo formar parte de su Health Wisdom for Women Network. Ella publica una revista mensual que nos permite mantenernos informadas sobre el modo de curar los síntomas de forma natural y nos ofrece los últimos descubrimientos para tratar los problemas de salud femeninos.

## La importancia de la dieta

La nutrición tiene un lugar importantísimo en nuestra salud y bienestar. En muchos sentidos somos lo que comemos. Mi filosofía básica es: si crece, cómelo; si no crece, no lo comas. Las frutas, las verduras, los frutos secos y los cereales crecen. Los caramelos y la Coca-Cola no crecen. Creo que los establecimientos de comida rápida y alimentos procesados están destruyendo la salud de nuestra

---

* *Cuerpo de mujer, sabiduría de mujer*, Urano, Barcelona, 2000.

nación. ¿Te das cuenta de que los cinco artículos que más se venden en los supermercados de Estados Unidos son la Coca-Cola, la Pepsi-Cola, la sopa Campbell, el queso procesado y la cerveza? Estos productos no tienen ningún valor nutritivo, contienen enormes cantidades de azúcar y sal y contribuyen a empeorar la epidemia de malestar que invade este país. Debemos aprender más sobre nutrición, y es que eso es esencial para mantenernos sanas. Los alimentos procesados no pueden construir salud, por muy hermosas que sean las etiquetas que ponen los fabricantes en los envases.

Las mujeres vamos a vivir muchos años, de modo que aún nos queda bastante trabajo por hacer si queremos transformar este planeta en un lugar mejor para todas las demás mujeres. Hemos de ser fuertes, flexibles y sanas para conseguirlo. Cuando vemos mujeres frágiles, enfermas e incapaces de hacer nada, lo que en realidad estamos contemplando es toda una vida de mala nutrición, falta de ejercicio y una acumulación de pensamientos y creencias negativos. Pero la vida no tiene por qué ser así. Las mujeres hemos de aprender a cuidar de nuestros magníficos cuerpos para llegar a nuestros años de vejez en perfecta forma física. Hace poco me hicieron un chequeo y el doctor me dijo que estaba en una sorprendente buena forma física para mi edad. Me molestó el hecho de que él esperara encontrar problemas de salud en una mujer de setenta años.

Las células de nuestros cuerpos están vivas y, como tales, necesitan alimentos vivos para desarrollarse y reproducirse. Los alimentos frescos son esenciales en nuestra dieta. La vida ya nos ha aprovisionado con todo lo que necesitamos para alimentarnos y mantenernos sanas. Cuanto más sencilla la comida, más sanas estaremos. Es necesario prestar atención a lo que ponemos en nuestros cuerpos. Porque si no lo hacemos nosotras, ¿quién lo hará? Prevenimos la enfermedad siendo conscientes de cómo vivimos. Si una hora después de haber comido te sientes soñolienta, eso quiere decir que algo de lo que has tomado te ha producido una reacción alérgica. Fíjate bien en lo que comes. Busca los alimentos que te den más energía.

Come toda la fruta y verdura de cultivo orgánico o biológico que te sea posible. Gracias a la hoja informativa mensual *Self-Healing* que publica el doctor Andrew Weil, supe que, de las frutas y verduras que se venden en los supermercados estadounidenses, las que contienen más pesticidas son, por este orden: las fresas, el pimiento dulce, las espinacas, las cerezas cultivadas en Estados Unidos, los melocotones, el melón cantalupo de México, el apio, las manzanas, los albaricoques, las judías verdes, las uvas de Chile y los pepinos.

No hagas caso de lo que dicen las industrias lecheras y cárnicas; a ellas no les preocupa nuestra salud, solo les interesa el lucro. Comer mucha carne roja y productos lácteos no es bueno para el cuerpo de la mujer. Con solo eliminar estos alimentos de la dieta es posible acabar con los síntomas premenstruales y aliviar los de la menopausia. La cafeína y el azúcar son otros dos culpables de gran parte de los problemas de salud que tienen las mujeres. Aprende a comer de forma sana. Tu cuerpo te lo agradecerá dándote renovada energía. Recupera tu poder. Aprende a conocer tu cuerpo. Cuando empieces a comer para tu salud jamás tendrás que volver a hacer dieta.

## Los beneficios del ejercicio

Una manera fabulosa de aumentar nuestro bienestar es hacer ejercicio. El ejercicio es esencial para la salud. Si no hacemos nada de ejercicio se nos debilitan los huesos, ya que estos necesitan ejercicio para mantenerse fuertes. Cada vez vivimos más años, por lo que es preciso que seamos capaces de correr, saltar, bailar y movernos con soltura hasta nuestro último día. Busca algún tipo de movimiento que te guste y hazlo. Todo lo que hacemos por nosotras mismas es o bien un acto de amor o bien un acto de odio. Hacer ejercicio es amarse, y amarse es la clave para el éxito en todos los aspectos de la vida.

Un excelente ejercicio de «un minuto» es saltar cien veces. Es rápido, fácil y hace sentirse bien. Baila al ritmo de la música, o da una vuelta a la manzana corriendo.

Podrías comprarte un minitrampolín y saltar encima, con suavidad al principio. Es un ejercicio muy divertido; además, con cada salto que des estarás limpiando el sistema linfático y fortaleciendo el corazón y los huesos. El inventor de este artefacto ya ha cumplido los ochenta años y continúa propagando la buena nueva del ejercicio y del buen envejecimiento. No aceptes jamás la idea de que eres demasiado mayor para hacer ejercicio.

## Reflexiones sobre el hábito de fumar

Dejar de fumar es una de las mejores cosas que se pueden hacer por la salud. Si eres fumadora, aunque no formes parte de las 400.000 personas que mueren al año de enfermedades relacionadas con el tabaco, estás contribuyendo de todas maneras a agravar tus problemas de salud. El cigarrillo aumenta el riesgo de contraer enfermedades que van desde problemas de ovarios a cáncer de pulmón, enfermedad cardiaca y osteoporosis. La adicción y la negación tienen una influencia muy nociva durante el embarazo, si la mujer insiste en continuar fumando los nueve meses. Aunque solo sea por estética, hay buenos motivos para dejar de fumar: el tabaco agranda los poros, produce arrugas alrededor de la boca y envejece la piel prematuramente; también hace que huelas como un cenicero sucio. Si decides dejar de fumar, hay muchas cosas que pueden ayudarte. En las tiendas de alimentos dietéticos encontrarás numerosos productos para reequilibrar el cuerpo. La acupuntura, la hipnosis y la medicina china tradicional sirven para aliviar los síntomas de abstinencia. Tu cuerpo te amará cuando lo respetes. Eliminar sustancias dañinas del cuerpo es un acto de amor a nosotras mismas.

## La menopausia: natural y normal

La menopausia es un proceso normal y natural de la vida, no una enfermedad. Cada mes, durante la menstruación, el cuerpo se desprende de la cuna que había preparado para un bebé que no se ha concebido y junto con ella expulsa también muchas toxinas. Cuando nuestra dieta se compone de comida basura o de los alimentos procesados típicos que consumen los estadounidense en general (20 por ciento de azúcares y 37 por ciento de grasas), producimos toxinas sin cesar, tal vez más de las que podemos eliminar.

Si nuestro cuerpo se encuentra lleno de toxinas cuando estamos a punto de entrar en la menopausia, el proceso será más desagradable. Así pues, cuanto más cuidemos el cuerpo día a día, más fácil nos será afrontar este período de la vida. Una menopausia difícil o fácil comienza por cómo nos sentimos con nosotras mismas y por la forma en que hemos cuidado de nuestro cuerpo desde la pubertad. Suelen padecer menopausias difíciles las mujeres que han comido mal durante muchos años y también aquellas que tienen una mala imagen mental de sí mismas.

A comienzos de siglo, la esperanza de vida de la mujer era de 49 años. En aquel tiempo la menopausia no representaba un problema. Cuando la mujer llegaba a ella, ya se acercaba a la muerte. Actualmente, nuestra esperanza de vida se sitúa alrededor de los ochenta años, y muy pronto estará en los noventa, de modo que la menopausia es un asunto en el que hay que pensar. Cada vez son más las mujeres que deciden participar activamente en el cuidado de su salud, para estar en armonía con sus cuerpos y hacer que los procesos de cambio, como la menopausia, se produzcan de forma natural, con pocas molestias y sin disminuir sus capacidades. Las mujeres nacidas en la época de la «explosión de la natalidad», están entrando en una nueva era, la de la «explosión de la menopausia». Así, con su envejecimiento se ha despertado un enorme interés por la transición menopáusica de la vida. Se calcula que alrededor del año 2000 serán aproximadamente sesenta millones de estadounidenses las que entrarán en este estado hormonal y fisiológico de la vida reproductiva.

Las indias norteamericanas, por el contrario, no pasan por el período de la menopausia; continúan menstruando hasta que mueren. Las indias consideraban el ciclo menstrual un signo de salud. Actualmente las mujeres del norte de Baja California, que aún viven como hace cien años, continúan teniendo su ciclo menstrual hasta la vejez. No comprenden el concepto de menopausia. El ciclo menstrual era considerado un período de sabiduría, y durante él se recurría al conocimiento de las mujeres. Antiguamente era normal que las indias tuvieran hijos pasados los sesenta años. Lógicamente, en la actualidad eso es cada vez menos común, debido al frenético ritmo de vida, a la mala alimentación, etc., de los tiempos modernos. Estoy segura de que si estudiáramos con más detenimiento otras culturas indígenas del mundo encontraríamos formas más naturales de tratar el ciclo menstrual normal. He oído decir que uno de los motivos de que las japonesas no tengan sofocos se debe a que comen muchos productos derivados de la soja.

La terapia con estrógenos me asusta. La mayor parte de la información que tenemos proviene de las empresas farmacéuticas y está dirigida a la venta de sus productos químicos. Estoy de acuerdo en que es un tratamiento positivo para algunas mujeres. Sin embargo no creo que sea conveniente la «terapia con estrógenos a gran escala, desde la pubertad a la tumba», como recomiendan algunos médicos. El Premarin, tan popular hoy en día, se fabrica con orina de una yegua preñada; ¿cómo puede ser eso bueno para el cuerpo de una mujer? La Naturaleza, en toda su sabiduría, ha creado nuestros cuerpos para que funcionen perfectamente hasta el último día, para quc sc curcn a sí mismos y vivan mucho tiempo. Hemos de confiar en ese conocimiento, así como en nuestra sabiduría interior, en lugar de hacer caso a los que quieren hacernos creer que nuestros cuerpos se van a deteriorar por la enfermedad después de la menopausia.

Sería interesante estudiar a ese grupo de mujeres sanas que simplemente pasan por la menopausia sin ningún problema. Cuando me tocó a mí, solo tuve un sofoco. Me tomé un remedio homeopático y allí acabó todo.

Por lo que se ha dicho últimamente, parece que la progesterona es más beneficiosa que el estrógeno. Muchas veces, cuando pensamos que tenemos insuficiencia de estrógeno, lo que realmente tenemos es insuficiencia de progesterona. La progesterona natural, que se extrae de los ñames silvestres mexicanos, también estimula la formación de masa ósea. Estimula a los osteoblastos a poner más capas de hueso nuevo. No olvidemos que el hueso es un tejido vivo, y que la pérdida de masa ósea es reversible. La progesterona natural se puede comprar en forma de pomada en las tiendas de alimentos dietéticos. Esta pomada se aplica sobre la piel delicada de las zonas interiores menos expuestas del cuerpo, donde sea bien asimilada. No tiene ninguno de los efectos secundarios del estrógeno sintético. Es también beneficiosa para aliviar el síndrome premenstrual y muchos síntomas de la menopausia.

Con esto no quiero decir que no haya algunas mujeres a las que les vaya bien la terapia hormonal sustitutiva. Pero afirmar, como hacen actualmente muchos médicos, que *todas* las mujeres necesitan terapia hormonal sustitutiva desde que aparece la menopausia hasta que mueren es condenar y despreciar a la mujer de edad madura. En resumen, lo que intento decir es que esforzarnos por armonizar y equilibrar nuestros cuerpos y mentes puede hacer innecesarias las terapias con fármacos debilitadores y cargados de efectos secundarios.

Como ocurre con todo lo demás en la vida, siempre experimentamos diferentes grados de preparación y disposición. Para muchas, la responsabilidad y compromiso necesarios para armonizar nuestras mentes y cuerpos cuando se trata de problemas muy profundamente arraigados es una carga demasiado grande. Así pues, mientras no estemos preparadas o nos sintamos lo suficientemente seguras para hacer frente y tratar los problemas que afectan nuestra salud, como son las creencias acerca de la valía y dignidad personal, necesitamos la ayuda de la medicina o de otras fuentes. Una creencia muy arraigada en esta sociedad patriarcal es que las mujeres valen muy poco o nada sin su capacidad reproductora. No es de extrañar, pues, que muchas mujeres teman y se resistan a entrar en esta fase de su vida. Pero la terapia sustitutiva de estrógeno no trata ese tipo de problemas; solo nuestros corazones y mentes pueden sanar esas percepciones.

Lo repito: la menopausia no es una enfermedad, es un proceso normal y natural de la vida. Pero comercializar la menopausia se está convirtiendo en un gran negocio, y casi toda la información que tenemos nos viene dada por las empresas farmacéuticas. Es esencial que las mujeres conozcamos las verdaderas opciones que tenemos. Por favor, lee y comenta con tus amigas el libro de Sandra Coney, *The Menopause Industry: How the Medical Establishment Exploits Women* [La industria de la menopausia: Cómo explota a las mujeres el sistema médico]. Este libro pone en evidencia cómo hasta los años sesenta los médicos no se ocupaban en absoluto de la menopausia. A las mujeres se les decía que los malestares eran solo imaginaciones suyas. También dice: «No hay ningún campo que demuestre con tanta agudeza el inamovible sexismo de la medicina como la menopausia. El nuevo concepto de la menopausia como enfermedad nos controla socialmente. La medicina moderna no hace más poderosas a las mujeres ni les permite tomar las riendas de sus vidas. Hace pacientes de mujeres sanas».

Hay muchas hierbas, usadas por los especialistas en nutrición, y muchos remedios homeopáticos que son muy útiles cuando se atraviesa por este período de la vida. Existen también sustancias naturales que reemplazan al estrógeno. Consulta a un especialista en nutrición sobre estas cuestiones. Ten presente que las mujeres de hoy somos pioneras que estamos trabajando por cambiar viejas creencias negativas, para que nuestras hijas y las hijas de nuestras hijas no tengan que sufrir más durante la menopausia. Podemos aprender a planificar nuestra menopausia, de la misma manera que ya podemos planificar nuestros embarazos.

En tu meditación diaria no olvides enviar amor a todas las partes de tu cuerpo, sobre todo a la zona genital-reproductora. Agradéceles a estos órganos lo bien que te sirven. Diles que harás todo lo posible por mantenerlos sanos. Entabla una relación amorosa con esa parte de tu cuerpo. Honrar al cuerpo fortalece a esos órganos. Pregúntales a tu útero y ovarios qué desean de ti. Juntos planificad tu menopausia para que sea un simple período de transición, agradable para tus órganos y agradable para tus emociones. El amor sana, y amar al cuerpo sirve para procurarnos salud y bienestar.

## Cirugía plástica: hacerla por motivos válidos

No hay nada malo en la cirugía plástica mientras los motivos para hacérsela sean válidos. Hemos de tener muy claro que la cirugía plástica no nos va a curar los problemas emocionales ni va a disipar el odio que sentimos por nosotras mismas ni va a salvar un matrimonio. Con mucha frecuencia nos hacemos la cirugía plástica porque pensamos que no valemos lo suficiente. Pero jamás nos sentiremos más valiosas por el mero hecho de hacernos una operación. La cirugía plástica no sana las creencias. Cuando miro los anuncios que sobre esta cuestión proliferan cada día más, lo único que veo es una industria que se alimenta de la falta de autoestima de las mujeres.

He visto a mujeres que se odiaban a sí mismas hacerse la cirugía plástica pensando en que eso las haría hermosas. Pero por culpa de ese odio hacia sí mismas, eligieron mal al cirujano, y ahora están peor que antes de operarse. Recuerdo a una chica joven, bastante guapa, que no tenía ningún sentido de su valía personal, ni sentía el menor amor por sí misma. Estaba segura de que si se cambiaba la forma de la nariz se vería mejor. Insistió en hacerse la cirugía por motivos equivocados, y ahora tiene una nariz que parece la de un cerdo. Su problema no tenía nada que ver con su nariz.

No se debe usar la cirugía plástica para mejorar la autoestima, ya que eso nunca se logra. En un primer momento, se puede experimentar una mejoría temporal, pero pronto vuelven a resurgir los sentimientos de poca valía y la mujer comienza a pensar de nuevo: «Bueno, tal vez si me quito esta otra arruga…» y el proceso no acaba jamás. Alguien me habló el otro día de la cirugía que se practica en los codos cuando estos comienzan a arrugarse con la edad. Yo pensé: «¡Dios mío! ¿Hasta dónde vamos a llegar? ¿No sería más fácil usar mangas un poquitín más largas?». Pero claro, los medios de información nos han programado muchísimo. Según los publicistas, las mujeres debemos ser perfectas adolescentes anoréxicas sin arrugas ni carne. No obstante, no podemos echar toda la culpa a la publicidad, ya que somos nosotras las que compramos sus productos. Pienso que cuando las mujeres desarrollen una mayor autoestima y un mayor sentido de su valía, dejarán de hacer caso de lo que digan las revistas y los anuncios tendrán que cambiar.

No permitas que los médicos experimenten con tu cuerpo. Cuando empleamos métodos no naturales para obligar al cuerpo a hacer o a tener algo que en su sabiduría no quiere hacer o tener, lo que estamos haciendo es buscarnos problemas. No conviene jugar con la Madre Naturaleza. Fíjate en todos los trastornos que están sufriendo muchas mujeres por culpa de los implantes de silicona en los pechos. Si tienes los pechos pequeños, goza de ellos. Enviarles amor, junto con afirmaciones positivas, ha hecho aumentar el tamaño de los pechos a algunas mujeres. Esa es una buena manera de amar a nuestro cuerpo, y al cuerpo le encanta ser amado. También creo que el cuerpo es exactamente el que uno ha elegido tener cuando ha decidido encarnarse esta vez. Sé feliz con quien eres. Pero sobre todo, no alteres tu cuerpo para agradar a otra persona. Si una persona no te quiere tal y como eres, no te querrá más después de que sacrifiques tu cuerpo por ella.

Así pues, si decides hacerte un recorte por aquí o un añadido por allá, ten muy claro por qué lo haces. Pon mucho amor en tu cuerpo antes, durante y después de la cirugía. Yo haría afirmaciones más o menos como esta:

> *Tengo un cirujano amoroso que hace un hermoso trabajo. La operación es rápida y fácil, y todo va perfectamente. El doctor está encantado con la rapidez con la que cicatrizo. Estoy muy contenta con los resultados. Todo va bien y estoy a salvo.*

## Cáncer de mama: ¿Qué representa?

Hay una pauta constante que he observado en casi todas las mujeres que tienen cáncer de mama. Normalmente estas mujeres no son capaces de decir no. Las mamas representan la nutrición, y las mujeres que tienen cáncer de mama al parecer nutren a todo el mundo menos a sí mismas. Les resulta muy difícil decir no. Generalmente han sido criadas por padres que emplearon la acusación y la manipulación para imponer disciplina. Ahora son adultas complacientes que están rodeadas de personas que continuamente les piden hacer más de lo que pueden hacer con comodidad. Estas mujeres viven esforzándose por los demás y diciendo sí a cosas que les piden y que realmente no desean hacer.

Al principio puede resultar muy difícil decir no, porque las personas que nos rodean y con quienes nos relacionamos están acostumbradas a que siempre digamos sí. Por lo tanto, la primera vez que uno dice «no», se enfadan. Hay que esperar esa reacción. Cualquiera que esté aprendiendo a decir «no» tendrá que aguantar esos enfados durante un tiempo. La primera vez es la más difícil. Es muy importante no dar explicaciones cuando se dice «no», porque la otra persona puede agarrarse a eso y hacernos cambiar de opinión. Lo mejor es decir un sencillo no: «No, no puedo», «No, ya no hago eso». Cualquier frase corta que exprese un no rotundo sirve para el caso. Evidentemente la otra persona se enfadará, y entonces hay que tener muy claro que ese enfado no tiene nada que ver con uno. Tiene que ver con la otra persona. Simplemente recuerda decirte a ti misma: «Cuando te digo no a ti, me digo sí a mí misma». Repite esta poderosa afirmación; te hará sentir bien. Cuando ya hayas dicho «no» tres veces a la otra persona, esta dejará de pedirte que hagas eso, porque habrá comprendido que te has convertido en una persona diferente. Actúas desde otro lugar de tu interior.

A las personas complacientes puede costarles muchísimo decir su primer no. Recuerdo lo mucho que sudé la primera vez que me puse firme. Estaba convencida de que el mundo se hundiría a mis pies y de que yo saldría perdiendo. Pero no se hundió, sino que cambió, y yo sentí más respeto por mí misma. Así pues, comprende que este es solo un proceso por el que tendrás que pasar. Los demás se enfadan porque no les das, o no les das demasiado, y es posible que incluso te tilden de egoísta. Pero lo que realmente quieren decir es que no haces lo que ellos quieren que hagas. Eso es lo único que significa el enfado. Ten presente que, cuando les dices «no», te dices sí a ti misma. Y al mismo tiempo disipas tu resentimiento interior.

Conozco a una mujer que acaba de dejar a su marido por un tiempo; es posible que no sea una separación definitiva. Ahora él no tiene a quien echarle la culpa de las cosas que van mal, ya que ella no está allí; está aprendiendo a mirar la vida de otra manera. Sus dos hijos adultos la respetan más que antes porque está saliendo adelante sola y haciendo lo que desea hacer, para variar. Es muy interesante ver el cambio que se ha producido en toda la familia. En un principio, le resultó difícil dar el primer paso, pero lo hizo y toda su vida ha cambiado. A toda mujer le llega el momento en que necesita preguntarse: «¿Qué es lo mejor *para mí?*». Tal vez esa sea una nueva pregunta que deben hacerse todas las mujeres. Ann Landers les dice a las que están pensando en separarse o divorciarse que se pregunten: «Estaría mejor si me marchara o estaría mejor si me quedara?».

## Necesitamos cuidar de nuestro corazón

Mientras el cuatro por ciento de las mujeres serán víctimas del cáncer de mama, el treinta y seis por ciento morirán de una enfermedad cardiaca. Se ha hablado mucho del peligro del cáncer de mama, pero muy poco del riesgo que tienen las mujeres de sufrir una enfermedad cardiaca. Sin embargo, la enfermedad cardiaca es la causa principal de muerte entre las mujeres. Y en las operaciones de *bypass* coronario, las mujeres tenemos más posibilidades de morir por complicaciones postoperatorias que los hombres.

Cuidar de nuestro corazón es muy importante. A ninguna nos conviene una dieta rica en grasas. En el aspecto físico, una dieta rica en grasas, la falta de ejercicio y el tabaco contribuyen a favorecer la aparición de una enfermedad cardiovascular. Pero estas son cosas sobre las que podemos incidir. Nuestro corazón no nos ataca jamás; somos nosotras las que lo atacamos a él.

En el aspecto emocional, el corazón, y la sangre que bombea, representan el amor, la alegría y la relación con nuestra familia. Las mujeres que tienen problemas cardiacos suelen tener problemas familiares no resueltos que eliminan de su vida la alegría y el amor. Estos problemas podrían parar el paso al amor y la alegría, ya que tienen miedo de dejar entrar en su vida el amor. Cerrar el corazón al amor es como cerrarlo al flujo de vida que sale del corazón.

La causa emocional de muchas enfermedades siempre pasa por el tema del perdón. La enseñanza espiritual del perdón es difícil para todos; sin embargo, es una lección que debemos aprender si queremos tener una verdadera curación. Todas hemos pasado en algún momento de nuestra vida por experiencias de traición, pérdida o maltratos. Saber perdonar la experiencia y a las personas implicadas en ella forma parte de nuestra madurez espiritual. Es algo que ya está hecho y que no se puede cambiar. Dejarlo marchar, olvidarlo, nos libera de una atadura con el pasado para vivir el presente. No podemos ser sanas, prósperas y libres mientras estemos atascadas en el pasado y no queramos perdonar. Esos son los mayores problemas que tenemos todos, y nuestra mayor lección espiritual es perdonar, amarnos a nosotros mismos y vivir el presente. Eso sana el corazón.

Una vez al día siéntate en silencio y quietud y colócate las manos sobre el corazón. Envíale amor y percibe el amor que tu corazón siente por ti. Desde antes de que nacieras ha estado latiendo por ti, y va a trabajar por ti todo el tiempo que elijas vivir. Mírate al interior del corazón y ve si en él queda algo de amargura o resentimiento. Lava cariñosamente esos restos con perdón y comprensión. Si solo pudieras tener una visión más amplia te darías cuenta de qué es lo que tienes que aprender. Envía amor a cada uno de tus familiares y perdónalos. Siente cómo tu corazón se relaja y se queda en paz. Tu corazón es amor, y la sangre de tus venas es alegría. Ahora tu corazón bombea alegría amorosamente por todo tu cuerpo. Todo va bien y estás a salvo.

# 7
# Exploremos la sexualidad

Quisiera comentar brevemente algunas de mis ideas sobre la sexualidad, por impopulares que puedan ser, y algunos de los cambios que están ocurriendo. Es posible que también necesitemos reajustar nuestra manera de pensar en este aspecto.

En cuanto sociedad tenemos muchísimas creencias condenatorias respecto a la sexualidad. Tengamos presente que sea cual sea la orientación sexual de una persona, es la correcta para ella. Cuando hablamos de relaciones, lo que decimos vale para todas, ya sea nuestra relación heterosexual u homosexual. Incluso la ciencia está empezando a reconocer que la orientación sexual es innata, que nacemos con ella; no es algo que elijamos. Si eres heterosexual, imagínate cómo te sentirías si te dijeran que tienes que ser lesbiana. Te resultaría casi imposible. Pues lo mismo ocurre cuando le pedimos a una lesbiana que sea heterosexual. Pienso que debemos pedir perdón a nuestras hermanas lesbianas por la forma horrorosa como las hemos denunciado. Eso es marginación social de la peor especie. No debemos despreciarnos ni despreciar a nadie por algo tan simple como la sexualidad. Este prejuicio social nos impide participar de una visión más completa de la Vida. Ámate tal y como eres. Dios jamás ha cometido un error.

Hoy en día vemos cómo muchas mujeres mayores, que antes jamás se habrían atrevido a hacerlo, comienzan a explorar un estilo de vida homosexual, y se dirigen a otras mujeres para mantener relaciones íntimas. Dada la escasez de hombres en ese grupo de edad, esto tiene bastante sentido. ¿Por qué vamos a elegir estar solas cuando el amor nos está esperando? La intimidad con otra mujer puede revelar profundidades que las mujeres nunca antes han experimentado. En una relación homosexual las mujeres pueden ser mucho más cariñosas y solícitas de lo que lo son muchos hombres. Además, por regla general, otra mujer suele aceptar y comprender mejor los cambios corporales que se producen cuando nos hacemos mayores.

Es posible que muchas mujeres no sepan que en la época victoriana la estricta separación entre hombres y mujeres (en los negocios, la política, en la crianza de los hijos, etc.) hacía muy tensas y difíciles las relaciones hombre-mujer, por lo que frecuentemente las mujeres buscaban a otras mujeres para mantener relaciones más íntimas. Una mujer podía escribir páginas y páginas en su diario sobre una amiga y de pronto añadir brevemente: «Anoche acepté la proposición de matrimonio del señor S.». Las amistades románticas eran también corrientes entre los jóvenes de clase media alta. Nadie las consideraba una señal de homosexualidad. De hecho esta palabra solo se inventó a finales del siglo XIX. Esa fue también una época en que la prostitución estaba muy extendida. En la ciudad de Nueva York había una prostituta por cada 64 hombres, y en Savannah (Georgia) la proporción era de 1 por cada 39.

Así pues, mi argumento es: el amor está donde lo encontramos. Las modas en el amor cambian de país a país y de siglo en siglo. En estos momentos tenemos ciertas «normas», pero estas también cambiarán con el tiempo. Debemos comprender que hay varias opciones en sexualidad si así lo elegimos. Mientras actuemos desde un corazón amante y solo deseemos lo mejor para todos los que nos rodean, podemos sentirnos libres para hacer las elecciones que queramos. Las habrá incluso que preferirán ser asexuales, y eso también está bien. Dejémonos de juicios y disfrutemos del amor cuando nos topemos con él. Siempre que damos y recibimos amor nutrimos nuestras almas e irradiamos buena energía.

# 8

# El acoso sexual y la denuncia

¿Cuántas veces te han faltado al respeto o acosado sexualmente y *no has dicho nada*? ¿Cuántas veces te has echado la culpa cuando un hombre se ha propasado? «Ah, quizá ha sido por mi culpa», «Tal vez solo son imaginaciones mías», «Bueno, ya se sabe, los hombres son así», «No ha sido peor que otras cosas que me han pasado».

No hay ninguna mujer entre las que están leyendo este libro a la que no le hayan faltado al respeto de palabra, o que no haya tenido que soportar un agarrón, un pellizco o un toqueteo de alguien que no tenía ningún derecho a hacerlo. Y, sin embargo, la mayoría nos quedamos calladas; no decimos nada. Ya es hora de que aprendamos a hablar y a defendernos. Si no lo hacemos, esto no acabará jamás.

No hace mucho me enteré de algo que ocurría en mi casa, en lo que estaba involucrada una pareja que trabajaba para mí, un maravilloso matrimonio inglés que durante casi cuatro años cuidó de mí, de mi casa y de mis animales. Todo comenzó muy bien, pero con el tiempo empezaron a ocurrir algunas cositas, principalmente por parte de él. Eran cosas tan insignificantes que al principio las dejé pasar. Gran error. Él trabajaba cada vez menos y dejaba que su esposa hiciera los dos tercios del trabajo. También comenzó a olvidarse de que yo era la dueña de casa y a actuar como si la casa fuera de él. Me trataba con demasiada familiaridad, como si fuera uno de mis amigos. Todo esto fue agravándose hasta derivar en un comportamiento francamente inapropiado. Ahora me doy cuenta de que no supe leer correctamente las señales ni mantener la distancia apropiada. Comprendo que llegué al punto de no atender a las pequeñas sensaciones de que algo no andaba bien, y que incluso empecé a andar de puntillas por la casa para no molestarle, para que estuviera de buen humor.

Al día siguiente de la fiesta de celebración de mi 70 cumpleaños, que fue algo maravilloso, descubrí que se había estado propasando con muchas de mis amigas. Cuando hablé con algunas de ellas me enteré de que eso venía ocurriendo desde hacía un año, en diversas fiestas o reuniones. Pero *nadie me lo había dicho.* Una vez que se me cayó la venda de los ojos me llegó un torrente de información. Descubrí que perseguía a varias de mis empleadas, e incluso acosaba sexualmente a algunas. Mi secretaria personal había sido agredida en mi casa mientras yo estaba fuera de la ciudad. Me sentí horrorizada. ¡Eso les estaba ocurriendo a amigas y empleadas de Louise Hay! Pero ¿por qué nadie me lo había dicho? Tenían miedo, sentían vergüenza, todas esgrimían diferentes explicaciones. Es probable que muchas de mis lectoras sepan bien cuáles eran, porque alguna vez las habrán utilizado ellas mismas. Pensé en todas las veces que en el pasado había soportado diversas formas de abuso sexual y cómo normalmente lo único que había deseado era escapar de la situación para que acabara de una vez. Pero ¿cuántas veces lo dije o lo denuncié?

También descubrí que este hombre maltrataba a su esposa, y que muchas veces ella aparecía con magulladuras o moretones. Fíjate en los secretos que guardamos, pensé; fíjate cómo permitimos que los hombres violen impunemente nuestro espacio y nuestro honor. El miedo nos impulsa a someternos en todos los aspectos. Sentí una enorme opresión en el corazón mientras escuchaba estas historias. Y quizás eso solo fuera la punta del iceberg. A todas las mujeres que asistieron a mi fiesta de cumpleaños les pido perdón por cualquier tipo de conducta incorrecta de la que hayan podido ser objeto.

Ni siquiera me dijo nada una de mis amigas íntimas, que siempre me cuenta tantas cosas y que se considera una mujer iluminada y con mucha autoestima. Al enfrentarse a un problema de acoso sexual, su primera reacción fue quedarse callada y no armar un lío.

En cualquier caso, aunque ya hacía tiempo que notaba que las cosas no iban bien en casa, en ese momento me vi obligada a hacer algo; ese hombre había ido demasiado lejos. Me busqué un equipo de apoyo, porque de ninguna manera habría sido capaz de enfrentarme sola a él y a su esposa. Incluso acompañada, si no hubiera estado tan segura de mi información, fácilmente podría haberme creído su excelente actuación negándolo todo. Sin embargo, cuando se dio cuenta de que yo no le creía, cambió de actitud y se puso violento y grosero. Además de mi equipo de apoyo, me puse el teléfono a mano, por si era necesario marcar los tres números de la policía. Le dije que quería que se marchara; que a la mañana siguiente tenía que estar fuera de mi casa y lejos de la propiedad. Me sudaban las manos y tenía un nudo en el estómago, pero también sentía una sensación de poder. No me fue fácil hacer frente a un hombre corpulento y enfurecido de un metro noventa. Si bien su esposa me inspiraba muchísima lástima, por otro lado sabía que ella permitía la situación y que la única manera que ella tenía de manejar lo ocurrido era negarlo totalmente o culpar a las mujeres de las que él abusaba. Con frecuencia, cuando el marido es un mujeriego, la esposa se mantiene en la negación y culpa a las otras mujeres. De modo que los dos se declararon inocentes y ofendidos. Lo cual no impidió que en tres horas y media hicieran sus maletas y salieran de casa.

Al día siguiente me llamó mi amiga, diciéndome que en realidad había comenzado a preguntarse: «¿Podría ser que solo me lo hubiera imaginado? ¿Podría ser que me hubiera equivocado? ¿Soy culpable de haber dejado a un hombre sin trabajo por haber hablado?». Las mujeres tenemos una enorme tendencia a dejarlo pasar, ¿verdad? ¿Quiénes somos (simples «niñitas», después de todo) para decir algo? Claro, tal vez me lo imaginé. Solemos creer en la negación del hombre. Han puesto en tela de juicio nuestro espacio y nuestro honor y, sin embargo, de lo que se duda es de nuestra palabra. Las viejas cintas que pasan por nuestra psique nos hacen desautorizar todavía más a la mujer. Continúa habiendo demasiada negación. Las mujeres hemos sido dominadas por el terror durante siglos y siglos. Por un miedo generalmente justificado hemos permitido que esto suceda durante muchas vidas. En el pasado, hablar nos podía costar la vida. Incluso ahora en Afganistán, el actual gobierno ha reinstaurado el apedreamiento como castigo para el adulterio. Pero evidentemente se trata de apedrear a la mujer, nunca al hombre.

Tan pronto como comprendí lo que estaba ocurriendo en mi casa tomé las medidas necesarias para poner fin a esa situación. También llamé a una buena terapeuta y le pedí hora. Aunque he hecho muchas terapias en el pasado, me di cuenta de que todavía debía de haber una parte de mi persona que atraía este comportamiento: no la violencia contra mí, pero sí en mi propia casa. Quería hacer lo que fuera necesario para limpiar mi interior de esos restos.

La terapeuta me preguntó si había sentido rabia contra mi abusivo padrastro de niña.

—No recuerdo haber sentido rabia, solo miedo —le dije.

—Bueno, ¿en ninguna ocasión te enfadaste y le contestaste? —me preguntó.

Inmediatamente me di cuenta de que a ella nunca la habían maltratado de niña. A mí me pegaban cada día por ser la niñita más buena que podía ser; ¿qué me habría ocurrido si me hubiera atrevido a ser lo suficientemente mala para contestarle? No, no recuerdo haber sentido rabia, solo recuerdo el miedo y el terror.

Cuando nos pegan con la suficiente frecuencia perdemos toda esperanza de cambiar alguna vez las cosas. Entonces crecemos y nos convertimos en mujeres que siguen gobernadas por las reacciones de su niñita interior. Esto puede ocurrir en el mejor de los hogares. Deshonrar a niñas pequeñas es algo que está a la orden del día. Es necesario que enseñemos a las niñas cuando son pequeñas, en la escuela primaria o incluso antes, que deben *hablar*, decirlo, si alguien las maltrata o abusa de ellas de alguna manera. Si queremos hacer de este mundo un lugar seguro para las mujeres, en todas partes, hemos de cambiar nuestras reacciones, aun cuando nos parezca muy difícil. Despedir a ese hombre fue mi forma de hacer frente a mi padrastro, algo que jamás pude hacer de niña.

He creado mucha armonía en mi lugar de trabajo; todo el mundo habla de lo fantástico que es hacer negocios con Hay House. Tengo empleados felices; un exorganizador de sindicatos me dijo hace poco que jamás había visto un personal de almacén tan contento. Y, sin embargo, he permitido que en mi propia casa se cree una situación abusiva por mi incapacidad para interpretar bien las señales y porque, por uno u otro motivo, no quería armar un lío.

En cierto modo es una bendición que me haya ocurrido esto, porque de ahora en adelante hablaré *por* todas las mujeres y *a* todas las mujeres. Hablaré, porque si no lo hago, ¿cómo puedo esperar que hablen las demás? Vemos en los hombres figuras de autoridad, mientras nosotras nos consideramos las víctimas. Así es como nos han educado, para pensar que no podemos ganar aunque lo intentemos. Hay muchas e insidiosas maneras de deshonrar, desautorizar y menoscabar. Hemos luchado por nuestra dignidad, por hacernos valer, y todavía nos resulta difícil o imposible hablar. La formación que hemos recibido las mujeres sumisas es tan fuerte que debemos estar alertas a la más ligera invasión de nuestros límites. Se nos ha enseñado a quitarles de encima la carga a los hombres para soportarla nosotras, primero con respecto a nuestros padres, y luego con respecto a nuestros novios, jefes y maridos. Y lo hemos hecho durante tanto tiempo que nos parece normal. Debemos aprender a decirlo, a denunciar. Es el miedo a la vergüenza y a la violencia lo que nos mantiene calladas. ¿Cuántas mujeres viven en un verdadero campo de batalla, y cuántos niños crecen en ese ambiente? ¿Cómo podemos, nosotras, poner fin a esto? Pues, negándonos a quedarnos calladas. Las mujeres lo hemos permitido y a nosotras nos toca ponerle fin. Esto no habría podido continuar sin nuestro permiso, expreso o tácito. No debemos dejar que esto continúe.

Si estamos preparadas y dispuestas a decir no, podemos adquirir el *hábito* de decir no, y cambiar totalmente la situación de abuso. Quedarnos calladas es perjudicial para nosotras en cuanto mujeres y para toda nuestra sociedad. Ya han transcurrido veinticinco años desde el inicio del movimiento de liberación de la mujer y aún continúa predominando el maltrato verbal y el abuso sexual; parece que es muy frecuente en muchas oficinas y lugares de trabajo. Esto es lo que hemos tenido que soportar las mujeres. Así pues, ya es hora de poner fin a ese dejarnos maltratar por nosotras mismas o por las personas que nos rodean. Digamos la verdad, contemos los secretos. Sincerarnos detendrá ese comportamiento. Si los hombres no pueden hacerlo impunemente, dejarán de hacerlo. No nos confabulemos con ellos, eso nos deshonra a nosotras mismas y deshonra a *todas* las mujeres. Hoy en día ya no tenemos por qué aceptar ningún tipo de abuso o maltrato si estamos dispuestas a ponernos de pie y a hablar. Cada mujer que habla crea el espacio para que otras digan la verdad.

Hemos de aprender a poner límites apropiados que nos honren. ¿Cuáles son esos límites que nos permitirán asegurarnos de que se nos respete siempre? En primer lugar, hemos de proceder a partir de la creencia de que *nos merecemos* esos límites. Muchas veces no advertimos las señales de peligro, de que algo no va bien. Y luego, cuando se produce el abuso, nos llega como una conmoción y violación. El abuso es un juego de poder; nos controla y manipula. Nos quedamos calladas por temor a perder el trabajo; tememos las repercusiones que se derivarán de ello. Incluso callamos cuando vamos a hacer el amor con un hombre que no usa preservativo. Tenemos que hablar y decir: «Me respeto y no voy a permitir que me pongas en peligro. Ponte un preservativo o vete». Pero ¿lo hacemos? No con la suficiente frecuencia, por culpa del miedo, la timidez o la vergüenza.

Cuando nos quedamos calladas, como el silencio de los corderos, nos llevan al matadero. Nos da mucha vergüenza hablar. Recordamos las reacciones de que fuimos objeto cuando *lo hicimos*. Se rieron de nosotras, pensaron que solo era una broma. No nos creyeron, nos desacreditaron o nos trataron como si fuéramos nosotras las alborotadoras. Así optamos por no hablar, por no decir nada. «Guarda silencio, deja las cosas tal y como están; no armes un lío». Y así es como permitimos que continúe el abuso.

Las mujeres debemos equilibrar la balanza del poder. La violencia y el abuso sexual son los aspectos en que las mujeres somos más vulnerables. Hemos de aprender a tratar todos los incidentes con actitud sensata, con actitud natural, práctica, no vulnerable. No tenemos por qué convertirnos en unas verdaderas arpías que le gritan a cualquier hombre, pero sí hemos de ser mujeres que proceden del amor y la compasión, y que actúan con firmeza férrea.

Hemos de fortalecer nuestra dignidad para ser capaces de decir no. Hemos de abrir los ojos y la intuición a las insidiosas formas que toman los acontecimientos. Cuenta la historia desde el comienzo. Llámalos al orden en las cosas pequeñas. Niégate a tolerar el mal comportamiento. Ponle fin de inmediato. Los hombres ven rápidamente lo que pueden obtener con impunidad y entonces se insinúan un poquito más, o mucho más. Hemos de comenzar a detener cualquier comportamiento abusivo desde el principio, incluso cuando es tan pequeño que resulta difícil decir algo. Si notas una primera señal de abuso, llámale la atención inmediatamente. Y prepárate para escuchar la negación. Los hombres la han utilizado desde siempre. «¿Quién, yo? ¡Jamás haría eso! ¡Nunca en mi vida he hecho algo así!». Algunos hombres son muy rápidos, muy melosos, muy expertos, muy profesionales, y cuando la mujer acepta sus excusas este consigue que ella conspire con él. Se vuelve permisiva. Pero la mujer se convierte en parte de la fuerza destructora de la sociedad siempre que accede a guardar el secreto. Es necesario pues que echemos una mirada a los secretos que guardamos. Hemos estado caminando de puntillas, complaciendo a los agresores, nutriéndolos. Ya es hora de que comencemos a nutrirnos a *nosotras mismas*.

No tengo todas las respuestas, pero eso no me impedirá hablar. Sacaré este tema a relucir siempre que hable en público. Animaré a las mujeres de todas partes a educarse en estas cuestiones, a hablar, a enfrentarse, a meter ruido si es preciso. Todas juntas podemos sanar este problema en una sola generación. Podemos evitar que nuestras hijas tengan que pasar por lo mismo que hemos tenido que soportar nosotras.

Necesitamos cursillos en los que se enseñe a las mujeres a respetarse a sí mismas. Necesitamos prepararnos para saber qué hacer en el caso de encontrarnos ante una posible violación. Podemos practicar como si fuera un simulacro de incendio, así estaríamos preparadas en todo momento. Es esencial desarrollar el sentido de valía, dignidad, amor y estima personal, de lo contrario, no estaremos seguras de merecernos ser respetadas y protegidas.

Aprendamos a levantar una barrera de energía, un escudo de poder mental que nos haga sentir protegidas. Una manera de hacerlo es visualizarse con capacidad y poder en toda situación, en casa, en el trabajo, durante una fiesta y reunión social, en todas partes. Analiza los aspectos de tu vida en los que no te respetas o no te capacitas. Haz la promesa de poner fin a eso. Empieza a crear poder y capacitación en tu mente. Visualízate como te gustaría ser tratada en cada situación. Haz afirmaciones de poder. Eso comenzará a sanar el proceso y, a medida que lo hagamos, automáticamente se lo estaremos enseñando a nuestras hijas.

Leyendo libros y educándonos podemos aprender que tenemos diferentes opciones, en lugar de limitarnos a «transigir». Dedica tiempo a ensayar la forma en que tomarás las riendas en toda situación en que sientas que no se te respeta. Cuando tenemos una línea de acción bien pensada y bien planeada, nos sentimos *capacitadas* y poderosas. Es esencial que desarrollemos y entendamos verdaderamente nuestra dignidad y nos demos cuenta de que no tenemos por qué aceptar nada que no consideremos correcto.

Hemos de enseñar a los que nos rodean cómo deben tratarnos, aprender a decir no cuando advertimos que nos van a deshonrar o faltar al respeto. Es necesario que digamos a los hombres: «Debes respetarme si quieres continuar viniendo por aquí». Ellos deben aprender que ser simpática no es una invitación sexual. Eso de que el novio se acueste con la amiga o la hermana de la novia el día antes de la boda es un acto que nos deshonra a todas. No es más que un juego de poder, una violación del compromiso, una manera de hacerse el gallito.

Las mujeres debemos dejar de sentirnos fascinadas por los mujeriegos. Seamos inteligentes. Los mujeriegos solo son depredadores de mujeres; nos deshonran. Por muy ricos y guapos que sean, nos traicionan. «Ay, ¡qué guapo es!», suelen decir las mujeres. Pero eso no justifica que nos rebajen con su comportamiento. Hemos de dejar de perder la cabeza por los donjuanes, solo son mujeriegos. Muchas veces los recompensamos con admiración y de todas formas nos quitan el honor. Hemos de admirar los buenos rasgos de carácter en los hombres, no los que nos denigran. Ese hombre que parece tan encantador probablemente no estará ahí cuando haya que cuidar a los niños.

La rabia de los hombres contra las mujeres suele venir de problemas no resueltos con su madre. Nunca tengas relaciones ni te cases con un hombre que odia a su madre, porque con el tiempo se desquitará contigo. Si está dispuesto a ir al psiquiatra, la cosa cambia; de lo contrario, odiará siempre a las mujeres. Pero mientras las mujeres nos quedemos calladas, permitimos que el abuso continúe. Esto se convierte en una violación del yo, de la familia, del lugar de trabajo y de la sociedad, minando la fuerza de nuestro mundo y nuestro futuro.

Lee el libro de Jennifer Coburn, *Take Your Power Back: A Working Woman's Response to Sexual Harassment* [Recupera tu poder: Reacción de una mujer trabajadora al acoso sexual], y también el de Mira Kirshenbaum, *Too Good to Leave, Too Bad to Stay: A Step-by-Step Guide to Help You Decide Whether to Stay in or Get out of Your Relationship* [Demasiado bueno para irse, demasiado malo para quedarse: Guía paso a paso para ayudarte a decidir si continuar o acabar una relación]. Son libros llenos de poder que ofrecen muchos recursos para la autocapacitación.

Como he dicho antes, siento una gran compasión por los hombres y las cargas que deben soportar, pero eso no significa que vaya a aceptar el abuso. Tampoco volveré nunca a guardar silencio sobre este tema en cuestión. Es lo mínimo que puedo hacer por las mujeres.

*Afirmaciones para honrarnos*

*Soy un ser humano valioso y valorado.*
*Siempre me tratan con respeto.*
*Estoy capacitada y tengo poder.*
*Apoyo a las demás mujeres.*
*Tengo derecho a poner límites con*
*respecto al comportamiento de los demás.*
*Todos respetan mis límites.*
*Denuncio y armo un gran lío siempre*
*que es necesario.*
*Cuento con un buen equipo de apoyo.*
*Soy íntegra.*
*Cuanto más sincera soy,*
*más segura me siento.*
*Mi dignidad es muy fuerte.*
*Soy una mujer que sana a otras mujeres.*
*Tengo una fuerte barrera de energía.*
*Los hombres de mi vida respetan*
*y honran a las mujeres.*
*Recupero mi poder.*
*Me amo y me respeto.*

# 9

# El envejecimiento: mejorar la calidad de vida

¡Basta ya del desproporcionado culto a la juventud que practicamos en nuestra cultura! Ha llegado el momento de que ayudemos a las mujeres mayores a ser todo lo que pueden ser y a encontrar realmente un lugar de honor en este mundo. Deseo contribuir a que todas las mujeres experimenten amor por sí mismas, sentido de su valía, dignidad y autoestima, y ocupen un lugar importante en la sociedad cuando se hagan mayores. Esto de ninguna manera significa menospreciar a la generación más joven, sino obtener la auténtica «igualdad» entre las generaciones de la forma más positiva.

Cuando observo nuestra actual generación de mujeres mayores veo mucho miedo, mala salud, pobreza, soledad y un sentimiento de resignación ante la «decadencia». Sé que esto no tiene por qué ser así. Se nos ha programado para envejecer de esta manera y lo hemos aceptado. En cuanto sociedad, con pocas excepciones, hemos llegado a creer que todos envejecemos, enfermamos, nos volvemos seniles y frágiles y al final nos morimos, por ese orden. Pero esto ya no tiene por qué ser así para nosotras. Sí, llegará el momento en que muramos, pero las fases de la enfermedad y la senilidad son una opción que no tenemos por qué experimentar.

Ya es hora de que dejemos de aceptar estos miedos. De que anulemos las partes negativas del envejecimiento. Creo que la segunda mitad de la vida puede ser incluso más maravillosa que la primera. Si estamos dispuestas a cambiar nuestra manera de pensar y a aceptar nuevas creencias, podemos hacer de esos años nuestros «años inestimables». Si queremos envejecer bien hemos de tomar la decisión consciente de hacerlo. Buscamos algo más que simplemente aumentar nuestra longevidad. Queremos esperar con ilusión esos años ricos y plenos que nos aguardan. Estos años añadidos a nuestra vida son una pizarra en blanco; lo importante será lo que escribamos en ella.

La historia nos enseña que antes vivíamos muy pocos años; al principio no llegábamos más allá de la adolescencia, después hasta pasados los treinta, y más tarde hasta más de los cuarenta. A comienzos de este siglo se consideraba vieja a una mujer de 50 años. En 1900 nuestra esperanza de vida era de 47 años. Ahora aceptamos los 80 años como una duración normal de la vida. Pero ¿por qué no podemos dar un salto cuántico en la conciencia y aceptar como normal los 120 o los 150 años?

Esto no está fuera de nuestro alcance. Dentro de una o dos generaciones vivir más tiempo será normal y natural para mucha gente. Creo que los 75 años se convertirán en la nueva edad «madura». Hace unos años en una universidad realizaron un estudio sobre el envejecimiento. Descubrieron que, sea cual sea la edad en que uno considera que ha alcanzado la madurez, ese es el momento en que el cuerpo comienza el proceso de envejecimiento, ya que este acepta lo que le decide la mente. Así pues, si en lugar de aceptar que los 45 o 50 años son la edad madura decidiéramos que ahora son los 75, el cuerpo también acogería gustoso esa creencia. De esta manera, podríamos dar nuevas coordenadas a las diferentes fases de la vida.

En el Centro de Estudios Demográficos de Durham (Carolina del Norte) han llegado a la conclusión de que si las pautas de envejecimiento continúan la tendencia que han mostrado desde 1960, los límites teóricos de la vida podrían ampliarse hasta sobrepasar los ciento treinta años. En 1960 solo había unas tres mil quinientas personas centenarias. En 1995 eran ya unas cincuenta y cuatro mil. Son el grupo de edad que ha aumentado con más rapidez. En el estudio se comprobó también que no hay pruebas que indiquen ninguna edad concreta pasada la cual no pueda vivir un ser humano. También se cree que las personas que llegarán a cumplir más años serán probablemente las mujeres.

Durante generaciones hemos permitido que las cifras correspondientes a nuestra edad nos digan cómo hemos de sentirnos y comportarnos. Como ocurre en cualquier otro aspecto de la vida, lo que se acepta mentalmente y se cree acerca del envejecimiento se nos hace realidad. Pues bien, ya es hora de que cambiemos nuestras creencias. Sé que aceptando nuevos conceptos podemos convertir el proceso de envejecimiento en una experiencia positiva, vibrante y sana.

Yo ya he cumplido los 70 y soy una mujer robusta, fuerte y sana. En muchos sentidos me encuentro ahora más joven que a los 30 o 40, porque me he liberado de los apremios por conformarme a los criterios de la sociedad. Puedo hacer lo que quiera. He dejado de buscar aprobación y ya no me preocupa lo que digan de mí. Camino erguida, porque no tengo que llevar esas cargas, y encuentro que me doy gustos con mucha mayor frecuencia. La influencia de los demás se ha hecho ciertamente menos importante. Es decir, por primera vez en mi vida me pongo yo en primer lugar. ¡Y eso es muy agradable!

Cuando hablo de vivir más años muchas mujeres piensan: «Uy, mejor que no, no quiero estar enferma y pasar privaciones». Es curioso cómo, cuando abrimos la puerta a nuevas ideas y posibilidades, de inmediato la mente tira hacia el pensamiento de limitación. No tenemos por qué equiparar esos años con la pobreza, la enfermedad, la soledad y la muerte en un hospital. Si solemos ver esto a nuestro alrededor, es porque nos lo hemos estado creando con nuestro sistema de creencias del pasado. Lo que elegimos pensar y creer hoy nos construye el mañana. Siempre podemos cambiar nuestras creencias. En otro tiempo se pensaba que el mundo era plano. Ahora eso ya no es una verdad para nosotros.

Como he dicho antes, la vida viene en oleadas, en experiencias de aprendizaje y períodos de evolución. Ahora estamos en un período de evolución nuevo. Las personas nacidas durante la explosión de la natalidad, entre 1946 y 1964, se han situado a la vanguardia de este drástico cambio de conciencia. Los que ahora tienen 50 años se están aproximando a sus años de madurez en un estado físico mejor que nunca. Nuestro actual presidente Bill Clinton, que acaba de cumplir los 50, se ve un hombre joven. La mayoría de las personas de esa generación pueden llegar a vivir fácilmente hasta los 90 o más. Es como si tuviéramos dos vidas adultas. Y ahora estamos descubriendo que tal vez no haya un límite para la duración de la vida; que esta depende totalmente de nosotros y de la rapidez con que captemos y aceptemos las nuevas ideas sobre el envejecimiento.

Estoy de acuerdo en que a medida que la vida se alargue tendremos que remodelar totalmente la forma en que está estructurada nuestra sociedad: el tema de la jubilación, el seguro y la asistencia médica. Pero se puede hacer. Sí, nos hallamos ante un período de grandes cambios para todos. No podemos continuar viviendo como hemos vivido hasta ahora y esperar al mismo tiempo que mejoren nuestras vidas. Se precisan nuevas formas de pensar, nuevas ideas y nuevas maneras de hacer las cosas.

Incluso la manera de diseñar nuestras viviendas no tiene en cuenta a las personas y su necesidad de contacto. Pienso que necesitamos otro tipo de arquitectura y una forma diferente de vivir. Las residencias y las poblaciones para jubilados, con todas sus normas y reglamentos, aíslan de la vida a las personas mayores. ¿Dónde están los hijos y los nietos? ¿Dónde está la alegría y la risa? Necesitamos más vida en comunidad. Necesitamos más casas con dos espacios separados, para que dos familias emparentadas vivan separadas pero próximas. También nos vendrían bien las casas de cuatro apartamentos, ocupada la planta superior por dos familias que al mismo tiempo alquilan los dos apartamentos de abajo para obtener ingresos. Eso serviría para unir a los mayores con los más pequeños. Los niños mantendrían jóvenes a los ancianos y estos aportarían sabiduría y sentido a las vidas de sus nietos. Sería beneficioso para la sociedad retroceder a la antigua vida familiar en que varias generaciones vivían juntas o próximas.

En los dos últimos años, debido a mi «edad» he recibido cartas en que se me invita a vivir en diversas residencias para jubilados y «Hogares para Mayores Activos». Uno de los alicientes que siempre suelen incluir en estas ofertas es que hay un centro médico contiguo o cercano. Emplean frases como «contigua a un servicio de enfermería especializado», «servicios médicos de urgencia las 24 horas» y «supervisión de medicaciones». Lo que quieren decir en realidad es «CUANDO se enferme estaremos a su disposición». Creo que esa manera de pensar contribuye a programar a la gente mayor para que se ponga enferma.

Me gustaría que alguien construyera una residencia para jubilados en que hubiera un centro de salud holista. Así, en vez de los médicos y enfermeras tradicionales, lo que allí encontraríamos sería quiroprácticos, acupuntores, homeópatas, especialistas en medicina tradicional china, en nutrición y herboristería, masajistas... un auténtico club de salud. Seguro que sería un lugar muy buscado por todos aquellos que quisieran pasar sus años de madurez sanos y despreocupados. No me cabe la menor duda de que en nada habría una lista de espera para allí. Estos son los hogares para jubilados que me gustaría ver en el futuro.

La cultura de exaltación de la juventud que nos hemos creado ha aumentado el desagrado con que miramos nuestro cuerpo, por no hablar del terror que nos produce la aparición de las primeras arrugas. Miramos con desdén los cambios que se van produciendo en nuestra cara y en nuestro cuerpo. Qué manera más terrible de tratarnos a nosotras mismas. Por suerte es solo un pensamiento y un pensamiento se puede cambiar. La forma en que decidimos percibirnos a nosotros y a nuestro cuerpo es un concepto aprendido. Me gustaría ver el momento en que todo el mundo rehace esas falsas ideas y comienza a amar y a apreciar sus magníficas personas, por dentro y por fuera.

La jovencita que no se sienta a gusto consigo misma buscará algún motivo para odiar su cuerpo, en la creencia de que ahí precisamente está el defecto. Dada la intensa presión que ejerce sobre nosotras el mundo de la publicidad, todas solemos creer que hay algo mal en nuestro cuerpo. Ay, si pudiera ser delgada, rubia, alta, si tuviera la nariz más grande, o más pequeña, si mi sonrisa fuera más deslumbradora..., y sigue la lista. Partiendo de estos principios, es evidente que si bien todas hemos sido jóvenes en algún momento, pocas hemos estado alguna vez a la altura de los cánones de belleza.

A medida que nos hacemos mayores continuamos llevando dentro esos complejos de inferioridad. Encontramos muchas maneras, como dice Doreen Virtue, «de comparar nuestro interior con el exterior de ellas», es decir, comparamos el cómo nos sentimos por dentro con cómo se ven exteriormente otras personas. Esos sentimientos interiorizados de valer muy poco jamás se curarán con la ropa de moda, el maquillaje ni otras cosas superficiales. Lo que nos va a permitir hacer cambios permanentes será trabajar con afirmaciones para darles la vuelta a nuestros pensamientos negativos, conscientes e inconscientes, y convertirlos en afirmaciones amorosas como: «Soy hermosa y me gusto tal como soy».

Es esencial para nuestro bienestar amarnos y apreciarnos constantemente. Si hay alguna parte de tu cuerpo con la que no te sientes a gusto, dedícate durante un mes a poner continuamente amor en esa zona. Dile a tu cuerpo que lo quieres. Incluso podrías pedirle disculpas por haberlo odiado en el pasado. Este ejercicio puede parecer muy simplista, pero funciona. Amar nuestro cuerpo es importante en cualquier fase de la vida, y es esencial cuando nos hacemos mayores.

En su inspirador audio *Lighten Up*, Carol Hansen les pide a las mujeres que dediquen cinco minutos al día a darse un masaje corporal con una loción, expresándole el amor a cada parte y agradeciéndole el servicio que nos hace. El doctor Deepak Chopra (autor de *Ageless Body, Timeless Mind**) recomienda darse un masaje de la cabeza a los pies con aceite de sésamo antes de ducharse. Cualquier persona, lugar o cosa que se ama va a responder dando lo mejor de sí misma. El amor que nos damos nosotras mismas permanecerá en nuestro interior durante el resto de la vida. De la misma manera que aprendimos a odiarnos, podemos también aprender a amarnos. Lo único que se precisa es una buena disposición y un poquitín de práctica.

A veces, para producir nuevos pensamientos y nuevas ideas primero necesitamos limpiar la mente de todos los viejos pensamientos negativos, de la misma manera que en ocasiones limpiamos nuestra vida de toda la basura acumulada. Muchas personas mayores tienen una actitud de «escasez»: acaparan y acumulan cosas que ya no necesitan. Si tienes cosas en tu casa que ya no te sirven, sácalas y regálalas a personas que no

---

* Hay traducción al castellano: *Cuerpos sin edad, mente sin tiempo,* Javier Vergara Editor, Buenos Aires y Madrid. (N. del E.)

tienen nada o a quien realmente las necesite. Limpia tu vida y regálate un nuevo principio, lejos de la vieja basura y los recuerdos del pasado. Trasládate a la vida.

## El futuro es siempre brillante

El hecho de que los años pasen no significa que la calidad de nuestra vida deba ir automáticamente cuesta abajo. Yo elijo ver mi vida que avanza en diferentes direcciones, todas igualmente buenas. Algunas cosas están incluso mejor ahora de lo que estaban en mi juventud. Mis años de juventud estuvieron llenos de miedo; en cambio, hoy están llenos de confianza y seguridad.

Estoy totalmente convencida de que muchos de los miedos que sentimos son innecesarios. Nos los han enseñado, nos han programado para sentirlos. Son el resultado de una rutina de pensamiento y por lo tanto se pueden cambiar. El pensamiento negativo es predominante entre muchas mujeres maduras que, debido a ello, viven insatisfechas y descontentas.

Deseo ayudarte a crear un ideal consciente de tus años de madurez, ayudarte a comprender que pueden ser los años más gratificantes de tu vida. Debes saber que tu futuro es siempre brillante, sea cual sea tu edad. Mira cómo tus años de madurez se convierten en años preciosos, inestimables. Puedes convertirte en *Mujer Mayor Eminente*, una mujer que se sabe un miembro fuerte, activo y vital de la sociedad, tengas la edad que tengas.

Sentada en silencio y quietud lleva tu atención hacia dentro. Piensa en todas las veces que te has sentido dichosa y permite que tu cuerpo sienta esa dicha. Recuerda todas las veces en que has triunfado, las veces en que hiciste algo que te enorgulleció, aunque sean cosas pequeñas. Mantén esos sentimientos junto a ti, esa alegría y confianza. Ahora avanza diez años. ¿Qué estás haciendo, cómo eres? ¿Qué aspecto tienes? ¿Cómo te sientes? ¿Llevas esa alegría contigo? Ahora avanza veinte años más por el camino. ¿Qué ves? ¿Estás viva, te mantienes alerta e interesada en la vida? ¿Estás rodeada por personas que te quieren? ¿Estás haciendo cosas que te realizan? ¿Qué contribución haces a la vida? Ahora es el momento de visualizar y crear tu futuro. Constrúyelo lo más sano, brillante y dichoso que puedas. Es tu vida y vas a vivirla.

Jamás pienses que ya es demasiado tarde para ti, ni que eres demasiado vieja para soñar y tener objetivos. Los sueños y los objetivos nos mantienen jóvenes e interesadas en la vida. Vive el hoy en toda su plenitud y olvida el ayer.

Mi vida solo comenzó a tener sentido cuando me encontraba en la mitad de mi cuarta década. A los 50 años creé una editorial muy pequeña. El primer año obtuve un beneficio de 42 dólares. A los 55 me aventuré en el mundo de los ordenadores. Me asustaban, pero estudié y superé el miedo. Ahora tengo tres ordenadores y siempre viajo con uno portátil. A los 60 tuve mi primer jardín. Por esa misma época me apunté a unas clases de pintura y comencé a pintar. Ahora a los 70, con cada año que pasa soy más creativa y mi vida es cada vez más rica y plena. Escribo, doy charlas, imparto clases; leo y estudio constantemente; soy dueña de una editorial muy próspera; cuido de mi jardín y mi huerta, de la que obtengo los productos de cultivo orgánico que yo misma consumo; me encantan la gente y las fiestas; tengo muchos y buenos amigos; viajo muchísimo, y sigo asistiendo a clases de pintura una vez por semana. Mi vida realmente se ha convertido en un tesoro de experiencias.

Muchas de mis lectoras estáis, como yo, entrando en las filas de las personas mayores, por lo que ya es hora de que veáis la vida de una manera diferente. No tenemos por qué vivir esos años como los vivieron nuestros padres. Podemos crearnos una nueva manera de vivir; podemos cambiar todas las reglas. Cuando avanzamos hacia el futuro conociendo y utilizando los tesoros que tenemos dentro, solo lo bueno nos aguarda. Podemos saber y afirmar que todo lo que nos ocurre es para nuestro mayor bien y mayor alegría, convencidas de que no nos puede ir mal.

En lugar de limitarnos a envejecer, renunciar y morir, aprendamos a hacer una gran contribución a la vida. Tenemos el tiempo, el conocimiento y la sabiduría para salir al mundo con amor y poder. En la actualidad, la sociedad tiene ante sí muchos retos. Hay muchos asuntos y problemas de orden mundial que requieren nuestra atención. Observemos y veamos dónde podemos poner nuestra energía para ayudar al planeta. Tiene que haber un motivo para que vivamos más tiempo. ¿Qué estamos destinadas a hacer en ese tiempo extra? Si solo nos dedicamos a «jugar» a la vida, esta se vuelve aburrida después de un tiempo.

Si tú, una amiga o un familiar frecuentáis un centro para personas mayores, en lugar de hablar de enfermedades y malestares, hablad de cómo podéis uniros para mejorar vuestro espacio en la sociedad. ¿Qué podemos hacer para mejorar la vida de todos? Por pequeña que sea la contribución, tendrá validez y sentido. Si todas las personas mayores contribuimos con algo, podemos mejorar nuestro país.

Si somos activas en todos los sectores de la sociedad, veremos llegar nuestra sabiduría a todos los rincones, transformando así nuestro país en un lugar de amorosa bondad. Así pues, te insto: da un paso adelante, usa tu voz, conecta con el mundo y ¡VIVE! Tienes la oportunidad de recuperar tu poder y crear un legado que te enorgullecerá transmitir a tus nietos y sus nietos.

«¿Qué quieres ser cuando seas mayor?», se le suele preguntar a los niños. Se les enseña a planificar el futuro. Es necesario que adoptemos esa misma actitud y planifiquemos nuestros años de madurez. ¿Qué queremos ser cuando seamos mayores? Yo quiero ser una Mujer Eminente, contribuyendo a mejorar la sociedad de todas las formas que pueda. Maggie Kuhn, jefa del grupo activista Las Panteras Grises, solía decir: «Yo quiero morir en un aeropuerto, maletín en mano, justo después de haber terminado un trabajo bien hecho».

Ya tengamos 14, 40 u 80 años, todas estamos en el proceso de envejecimiento y avanzando hacia el momento en que abandonaremos el planeta. Todo lo que hacemos, decimos o pensamos nos está preparando para el siguiente paso. Por lo tanto, envejezcamos con conciencia y muramos con conciencia. Una buena pregunta que deberíamos hacernos todas es: «¿Cómo deseo envejecer?». Mira a tu alrededor. Observa a las mujeres que están envejeciendo de forma desgraciada y observa a las que lo están haciendo de forma magnífica. ¿Qué diferencias observas en estos dos grupos? ¿Estás dispuesta a hacer el esfuerzo para sentirte sana, feliz y realizada durante tus años de vejez?

La siguiente pregunta que debes hacerte es: «¿Cómo deseo morir?». Pensamos en muchos otros aspectos de nuestra vida, pero rara vez le dedicamos un pensamiento a la muerte, y si lo hacemos es con miedo. No tiene nada que ver cómo hayan muerto tus padres; tu partida del planeta puede ser una experiencia buena para ti. ¿Cómo te preparas para la muerte? ¿Deseas expirar enferma y desamparada en una cama de hospital, llena de tubos? ¿O prefieres, cuando te llegue la hora, dar una fiesta a tus amigos por la tarde, después ir a echar una siesta y no despertar? Yo ciertamente prefiero dar una fiesta, y me estoy programando para que mi vida termine así. Si tu actual visión de la muerte es negativa, siempre puedes cambiarla.

Todos podemos hacer de la muerte una experiencia apacible y dichosa.

La curación del planeta o del mundo es una respuesta a la conciencia de que lo que experimentamos en el mundo exterior es un reflejo de nuestras energías interiores. Una parte muy importante de cualquier proceso de curación es reconocer nuestra conexión y contribución a toda la Vida y comenzar el proceso de proyectar energía sanadora positiva hacia el mundo. Aquí es donde muchos nos quedamos estancados en nuestra energía, inconscientes del poder sanador de dar y compartir. La curación es un proceso continuo, y si esperamos a estar «curados» para comenzar a dar amor, tal vez jamás tengamos la oportunidad de hacerlo.

La expresión «Estoy demasiado vieja para hacer esto o aquello» quedará totalmente fuera de lugar cuando veamos que los mayores hacen todas las cosas que se decía no podían hacer. La idea de ser «demasiado vieja» podría ser algo que ocurre solo un poco antes de la muerte. No hay ningún motivo para que no podamos estar llenas de vida hasta nuestros últimos días.

Hay un grupo de mujeres en Dallas, de edades comprendidas entre los 62 y los 80 años, que practican kárate regularmente. Bajo el nombre de Magnolias de Acero, hacen exhibiciones de su arte en diversos centros, demostrando que el kárate puede ser un deporte para mujeres mayores. Además, saben defenderse muy bien en cualquier situación en caso de sufrir alguna agresión.

También hay grupos de mujeres mayores que se unen e invierten en el mercado bursátil. Algunos de estos grupos han tenido mucho éxito. Uno de ellos ha publicado un libro titulado *The Beardstown Ladies Common Sense Investment Guide* [Guía para inversiones sensatas de las Damas de Beardstown (Illinois)]; han vendido más de 300.000 ejemplares.

En un estudio realizado recientemente en Pensilvania se ha comprobado que las personas de más de 80 y 90 años que asisten a programas de ejercicios con pesas revitalizan sus cuerpos. Logran recuperar el control de músculos que han estado dormidos durante años. La discapacidad frecuentemente relacionada con el envejecimiento es en realidad un efecto de años de inactividad. Los profesores de estos cursos comprobaron que personas mayores de 90 años pueden triplicar su fuerza en menos de dos meses. Este ejercicio también ha tenido un efecto estimulante en sus mentes.

Estamos descubriendo que el cerebro no se marchita ni muere a no ser que dejemos de usarlo. Mientras nos estimulemos con objetivos y ejercicios mentales, mientras continuemos interesadas en la vida, nuestro cerebro seguirá estando alerta. La vida se nos hace aburrida y sosa cuando no estimulamos ni ponemos retos a nuestros cerebros. Qué pequeñas y estrechas son las vidas de las personas que jamás hacen ejercicio y que solo hablan de sus enfermedades.

Casi todas las investigaciones sobre el envejecimiento han sido realizadas por la industria farmacéutica poniendo énfasis en la enfermedad, en los «problemas» de la gente mayor y en los medicamentos que necesitan. Es necesario que se hagan estudios en profundidad sobre las personas mayores sanas, felices y satisfechas que disfrutan plenamente de la vida. Cuanto más estudiemos lo que «va bien» en las personas mayores, más sabremos sobre cómo lograr para todos esa vida sana. Lamentablemente las empresas farmacéuticas no ganan dinero con las personas sanas, de modo que jamás financian estudios de este tipo.

Sea cual sea nuestra edad o el tipo de problemas que tengamos, hoy mismo podemos comenzar a hacer cambios positivos. Si empezamos con la disposición a amarnos y a cuidar de nosotras mismas, aprenderemos a amar. A medida que nos amemos un poco más cada día, también nos volveremos más receptivas al amor de los demás. La Ley del Amor precisa que enfoquemos la atención en lo que deseamos, no en lo que no deseamos. Concéntrate en amarte. Haz la afirmación: «*Me amo totalmente en este momento*».

Si queremos ser respetadas y honradas cuando seamos mayores, debemos sentar las bases respetando y honrando a las personas mayores que encontramos en nuestra vida ahora. Según cómo tratemos a los ancianos hoy, seremos tratadas después. No solo es necesario que volvamos a escuchar a nuestros ancianos, sino también las voces nuevas que surgen de nuestras vitales mujeres mayores. Tenemos mucho que aprender de ellas. Estas mujeres están rebosantes de energía, sabiduría y conocimiento. Consideran la vida un camino de despertar; en lugar de envejecer, simplemente continúan creciendo.

Recomiendo especialmente el libro de Gail Sheehy, *New Passages: Mapping Your Life Acros Time* [Nuevos tránsitos: El mapa de la vida a lo largo del tiempo]. Su profunda percepción del Nuevo Mapa de la Vida Adulta y la posibilidad de cambios que tenemos ante nosotras ha tocado una fibra de mi corazón que desea contribuir a que todas lleguemos a ser Mayores Eminentes con el tiempo. Por joven que seas ahora, probablemente vivirás una vida muy larga y este es el momento de que te prepares para esos años dichosos y plenos.

Una manera útil de efectuar estos cambios positivos es hacer afirmaciones. Si bien todos nuestros pensamientos y palabras son afirmaciones, cuando hablamos de «hacer afirmaciones» nos referimos a crear frases positivas que nos reprogramen conscientemente la mente para aceptar nuevas formas de vivir. Elige afirmaciones que te capaciten, que te den poder, que te conviertan en una persona Mayor Eminente. Cada día haz al menos algunas de las siguientes afirmaciones, a primera hora de la mañana y a última hora de la noche. Comienza y acaba tu día con una nota positiva.

## *Afirmaciones para ser una Mujer Mayor Eminente*

*Tengo toda la vida por delante.*
*Soy joven y hermosa, a cualquier edad.*
*Contribuyo a la sociedad de una manera*
*creativa y productiva.*
*Me ocupo de mis finanzas, mi salud y mi*
*futuro.*
*Todas las personas con quienes entro en*
*contacto me respetan.*
*Honro y respeto a los niños*
*y adolescentes de mi vida.*
*Saludo cada día con energía y alegría.*
*Vivo al máximo cada día.*
*Duermo bien por la noche.*
*Cada día tengo pensamientos nuevos*
*y diferentes.*
*Mi vida es una aventura gloriosa.*
*Experimento todo lo que la vida tiene*
*para ofrecerme.*
*Mis familiares me apoyan y yo los apoyo*
*a ellos.*
*No tengo ninguna limitación.*
*Hablo; mi voz es escuchada*
*por los líderes de la sociedad.*
*Dedico un tiempo a jugar*
*con mi niña interior.*

*Medito, doy paseos en silencio y disfruto*
*de la naturaleza; disfruto pasando ratos sola.*
*La risa es un componente importante de*
*mi vida; no me reprimo en nada.*
*Pienso de qué maneras puedo contribuir*
*a sanar el planeta y las llevo a la práctica.*
*Contribuyo a la armonía de la vida.*
*Tengo todo el tiempo del mundo.*
*Mis años de vejez son mis años*
*inestimables.*

*Meditación sanadora*

Disfruto con cada año que pasa. Aumentan mi riqueza y conocimiento y estoy conectada con mi sabiduría. Siento la mano orientadora de los ángeles en cada paso del camino. Sé vivir, sé mantenerme joven y sana. Mi cuerpo se renueva en todo momento. Soy una persona vital, alegre, plenamente viva sana, y aporto mi contribución hasta mi último día. Estoy en paz con mi edad. Creo el tipo de relaciones que deseo tener; creo la prosperidad que necesito. Sé triunfar. Mis años de mayor son mis Años Tesoro, y me convierto en Mujer Mayor Eminente. Hoy contribuyo con la Vida de todas las maneras que puedo, sabiendo que soy amor, alegría, paz e infinita sabiduría ahora y siempre.

¡Y así es!

# 10

# Construirnos un futuro económicamente seguro

Las mujeres han estado muy protegidas por los hombres de su vida. Los hombres suelen adoptar la actitud de que las mujeres «no deben calentar sus lindas cabecitas con el manejo del dinero». El papá y el marido se ocuparán de todo eso, lo que no nos deja demasiado bien en caso de divorcio o viudedad. Nuestras lindas cabecitas son más que capaces de aprender a manejar el dinero. En los colegios las chicas casi siempre dejan atrás a los chicos en matemáticas.

Por esta razón, ha llegado el momento de que las mujeres aprendamos algo más sobre cuentas bancarias e inversiones. Somos perfectamente competentes. Toda mujer necesita ser económicamente independiente, pero en casa o en el colegio rara vez se nos enseña a manejar dinero. No se nos enseña nada sobre el mundo de las finanzas. En la familia tradicional, el hombre se ocupa del dinero y la mujer de los hijos y la limpieza. Pero muchas mujeres son mucho más capaces de manejar el dinero que los hombres, del mismo modo que algunos hombres son más capaces de llevar la cocina y la limpieza que las mujeres. Decir que la economía es cosa de hombres es simplemente otra manera de poner a la mujer en una situación de inferioridad.

A muchas mujeres les asusta la palabra *finanzas*, solo porque es un tema nuevo. Pienso que tenemos que trascender la vieja idea de que las mujeres no entienden. Nos parece que no entendemos de nada, pero somos más inteligentes de lo que creemos, y podemos aprender. Eso sí, hay que tomar clases, escuchar audios, leer libros y participar en grupos de estudio. Cuando sepamos más sobre el dinero y el mundo de las finanzas, ya no nos asustarán tanto.

Aquí en San Diego tenemos entidades no lucrativas, como el Women's Institute for Financial Education, y el Consumers Credit Counselors, que ofrecen cursillos gratuitos. La mayoría de los institutos y universidades imparten cursos con programas de educación continua por la noche o los fines de semana. Estas clases tienen por objetivo ayudar a la mujer a manejarse con el dinero y a hacer inversiones con más facilidad, lo que les da, a su vez, mayor seguridad. Estoy segura de que en tu barrio encontrarás clases de este tipo. Búscalas.

Todas las mujeres debemos entender de dinero, finanzas e inversiones. Aunque estés casada y seas muy feliz en tu matrimonio, te encante ser ama de casa y cuidar de tus hijos y todo eso, necesitas saber estas cosas. ¿Y si de repente tu marido se muere o se divorcia de ti y te quedas sola ante la tarea de criar a tus hijos? Ahí es cuando las mujeres se encuentran con dificultades, si no han sido educadas. Aprende sobre estos temas mientras puedas. Si lo haces cuando aún no lo necesitas, tal vez nunca necesites usarlo. El conocimiento siempre es poder.

Comenzando a ahorrar, aunque sea muy poco, podemos avanzar hacia la riqueza. Es agradable ver aumentar y crecer nuestros ahorros. De los ahorros pasamos a las inversiones. Entonces el dinero trabaja por uno en lugar de trabajar uno por el dinero. De un tiempo a esta parte hago la afirmación: «Mis ingresos aumentan constantemente, y prospero sea cual sea la dirección que tome». He convertido esta afirmación en mi ley personal, y tú también puedes hacerlo. Te servirá para cambiar tu conciencia del dinero. Hablo por experiencia propia, porque salí de la más absoluta pobreza. Durante buena parte de mi vida no he tenido dinero, nada en absoluto. No tenía mentalidad de prosperidad; tenía mentalidad pobre. Pero he llegado adonde estoy ahora por derecho de conciencia. Con eso quiero decir que cambié mi forma de pensar sobre mí misma, sobre la vida y sobre el dinero y cuando lo hice, cambió mi conciencia, mi mentalidad y mi mundo.

Nací en los años de la Depresión. En esa época el dinero era prácticamente inexistente. No teníamos agua caliente y durante toda mi infancia cocinamos en una cocina de leña. El refrigerador era un lujo inaudito. Mi padre trabajaba en un programa de empleos patrocinado por el gobierno y ganaba algo de dinero, pero no mucho. Recuerdo lo entusiasmada que me sentí el día que por fin conseguí que me dieran trabajo en una tienda de baratijas. Esa era toda la expansión de mi conciencia en aquel momento. Trabajé en un almacén y en un restaurante. Hice todo tipo de trabajos de baja categoría porque mi conciencia creía que eso era lo que me merecía. Me llevó muchísimo tiempo abandonar esas creencias. Cuando mi entendimiento comenzó a ampliarse, fui capaz de comprender que hay una gran abundancia en el Universo y que esa abundancia está disponible para todos aquellos que amplían su conciencia. Al Universo le gusta dar. Es a nosotros a quienes nos cuesta recibir. Continuaremos en la carencia mientras no podamos ampliar la conciencia para aceptar la idea de que *tenemos permiso* para prosperar, *nos merecemos* prosperar y *podemos* prosperar. Solo entonces permitimos que el Universo nos dé.

La mayoría de las mujeres dicen «Necesito dinero», y sin embargo no hacen más que rodearse de muros para que el dinero no pueda entrar. Los talleres o seminarios más difíciles de dar son los que tratan de la prosperidad. Las personas se enfadan mucho, muchísimo, cuando se desafían sus creencias sobre la prosperidad. Y las mujeres que más necesitan el dinero suelen ser las que más arraigadas tienen las creencias de que son pobres. También son las que más se enfurecen cuando se les ponen en tela de juicio esas creencias. Cualquiera puede cambiar sus pensamientos limitadores, pero cuanto más hay por cambiar, más difícil parece el proceso, y la persona más se asusta y se protege.

No olvides hacer tu lista: «Lo que creo acerca del dinero». Anota en ella todo lo que piensas sobre el tema, todos los comentarios que oíste cuando eras una niña acerca del dinero, el trabajo, los ingresos y la prosperidad. Apunta también lo que tú piensas del dinero. ¿Lo detestas? ¿Lo consideras sucio? ¿Arrugas los billetes con fastidio? ¿Alguna vez le has hablado con cariño a un billete de mil? ¿Bendices las facturas cuando las recibes? ¿Le agradeces a la compañía telefónica el servicio que te presta y la confianza que deposita en ti? ¿Sientes gratitud cuando recibes dinero o siempre te quejas de que es poco? Observa con atención tu actitud hacia y con el dinero. Es posible que te sorprendas ante lo que descubres.

Cuando el dinero empezó a entrar en mi vida, superando los niveles de subsistencia, solía sentirme muy, muy culpable. Trataba de regalarlo o lo gastaba en tonterías para poder volver a estar en la ruina. Tener algún dinero extra era algo tan contrario a mis primeras creencias que inconscientemente tenía que librarme de él. Tardé mucho tiempo en cambiar mis creencias y en entender que me merecía hacer dinero, disfrutarlo y ahorrarlo.

Las mujeres debemos comprender que nada entra en nuestras vidas si no lo hemos creado primero en la conciencia y que, por lo tanto, ya nos lo hemos ganado,

ganado por derecho de conciencia. Hacemos depósitos mentales (afirmaciones positivas) en nuestro banco cósmico. Cuando hemos depositado lo suficiente, vuelve a nosotros en forma de prosperidad. No te sientas culpable por traer bienes a tu vida. Ya te lo has ganado, no tienes por qué pagarlo; ya has hecho tu trabajo; por eso está allí.

Cuando comienzan a aumentar tus ingresos, cuando mejora tu trabajo, cuando comienza a entrar el dinero a raudales, ya te lo has ganado en la conciencia. Ese nuevo estado es tuyo y te corresponde disfrutarlo. Una buena afirmación sería: «Me lo he ganado. Me lo merezco; ya lo he ganado». Y luego agradecerlo, sentir gratitud. Como ya he dicho antes, al Universo le gustan las personas agradecidas.

No pierdas el tiempo preguntándote por qué vas a prosperar tú mientras otras mujeres no. Todos actuamos según las leyes de nuestra conciencia. Los demás también tendrán la capacidad de crearse el bien en sus vidas tan pronto como abran su conciencia a nuevas ideas. El despertar espiritual siempre está disponible para todos; de nosotros depende conseguirlo o no. La oportunidad siempre está ahí; aceptarla o no depende de cada uno. Cuando el alumno está preparado, entonces aparece el maestro, ni un momento antes ni un momento después.

Soy partidaria de darse el diezmo. Esa es una práctica muy poderosa. Darse el diezmo es decirle al Universo: «Soy digna, me lo merezco, lo acepto». Sugiero a las mujeres que se den a sí mismas del 10 al 20 por ciento de sus ganancias. Cógelo de tus ingresos. No debes usar ese dinero para cosas cotidianas. Ahórralo y empléalo solo para hacer compras importantes, como la adquisición de una casa o un negocio. Esto te frenará a la hora de ir a echar mano de esos ingresos. Aunque empieces con una cantidad muy pequeña, ahórrala. Es sorprendente la rapidez con que aumentan los ahorros. Darse el diezmo es un acto de amor hacia una misma y sirve para aumentar la autoestima y la valía personal.

Las iglesias quieren que solo demos el diezmo a Dios, a través de donaciones. Pero todas somos parte de Dios; somos parte de Todo Lo Que Existe. Da el diezmo a tu iglesia o fuente espiritual si lo deseas, pero también date el diezmo a ti misma. Y no cometas el error de esperar hasta que ganes más para hacerlo. Con esa mentalidad de pobreza jamás ganarás lo suficiente para darte el diezmo. Tienes que dar un salto de fe ahora y sacar ese dinero antes de que se te enrede entre las manos para gastarlo. Después puedes hacer el presupuesto con el dinero que te quede. Es increíble como este ejercicio produce más bienes en la vida. Darse el diezmo es como tener un imán que atraiga el dinero.

# 11
# Mujeres en apoyo de mujeres

La curación de un grupo de apoyo para mujeres puede ser una oportunidad para identificar creencias limitadoras mediante la práctica de diversos ejercicios, y afirmaciones. Al cambiar viejas creencias, disfrutarán de los maravillosos cambios que se producen en sus vidas y compartirán el proceso con otras personas. El trabajo en grupo aporta una fabulosa energía para facilitar y apoyar el cambio.

No es necesario ser perfecta para organizar un grupo de capacitación de mujeres. Pero sí es necesario aplicar estas ideas y principios en la propia vida, tener el deseo de hacer partícipe de esta información a otras mujeres, tener un corazón abierto y receptivo y la disposición a escuchar. Dirigir un grupo es un proceso de crecimiento tanto para la persona que lo hace como para las que participan, por lo que hay que contar con que se van a activar algunos de los «propios problemas». ¡Qué maravilloso! Es toda una oportunidad para continuar los procesos de curación y crecimiento. Ten presente que amarnos a nosotros mismos y amar a los demás son las tareas más importantes que tenemos en este planeta.

Un grupo de apoyo capacitador de mujeres lo pueden montar varias amigas reuniéndose una vez por semana. Las sesiones podrían basarse en los capítulos de este libro. Cada semana podríais analizar y comentar un capítulo diferente. Otros libros que podrían resultaros útiles son *Usted puede sanar su vida* y *¡Vivir! Reflexiones sobre nuestro viaje por la vida.*

No aprovechéis las reuniones del grupo de apoyo para sentaros a representar el «Qué horror, ¿verdad?». El grupo ha de ser un peldaño en el proceso de crecimiento de cada una. No os ayudará mucho caer de nuevo en los viejos comportamientos para ver quién lo ha pasado peor durante la semana. Hay que aprovechar la reunión de grupo para obtener cambios positivos.

## Directrices generales

Uno de los ejercicios iniciales y más importantes es descubrir *qué* es lo que se cree, por ejemplo, de cada uno de los temas que enumero a continuación. Esto puede servir para abriros los ojos. En varias hojas de tu libreta, escribe el encabezamiento: LO QUE CREO ACERCA DE:

- Hombres
- Mujeres
- Mí misma

- Relaciones
- Compromiso
- Matrimonio
- Familia
- Hijos
- Trabajo
- Dinero
- Prosperidad
- Inversiones
- Salud
- Envejecimiento, vejez
- Muerte

Estas creencias son las normas interiores, inconscientes, según las cuales vivimos. No podemos hacer cambios positivos en la vida mientras no identifiquemos y reconozcamos las creencias que tenemos.

Cuando todas las listas estén más o menos completas, leedlas.

Marcad con un asterisco las creencias que sean sustentadoras y nutritivas. Estas son las que conviene mantener y reforzar.

Marcad también las que son negativas o perjudiciales para vuestros objetivos. Esas son las que os han impedido ser todo lo que podéis ser. Son las que conviene eliminar y reprogramar.

Quizá decidáis añadir más temas, o trabajar un tema por semana, para que todas tengáis tiempo de hablar de vuestra lista.

He aquí algunas sugerencias por si deseas organizar un grupo de apoyo:

1. Crea un espacio seguro en el que se pueda hablar de cosas profundas. Una manera de hacerlo es pedir a cada una de las compañeras del grupo que se comprometa a guardar la confidencialidad de todo lo que se diga y a dar a conocer sus propios procesos. Hay que dejar claro que ante el grupo cada una debe quitarse la máscara que suele llevar.
2. Cultiva una actitud de aceptación, sin juzgar a nadie. No le digas a ninguno de los componentes del grupo lo que «debe» hacer. Ofrece sugerencias sobre cómo se podrían cambiar pensamientos y perspectivas. Cuando las personas advierten una actitud crítica inmediatamente se retraen.
3. Céntrate antes del inicio de cada sesión. Haz afirmaciones del estilo: «El espíritu guía mis pensamientos, palabras y actos durante esta sesión» y «Confío en que la Divina Sabiduría que hay en mi interior dirija al grupo». Si durante la reunión surge alguna dificultad, inspira profundamente y piensa una afirmación positiva.
4. Cuando se constituya el grupo, puedes sugerir las siguientes normas a seguir por todas las componentes:
   - Ser puntuales.
   - Comprometerse a asistir a todas las sesiones. La continuidad es importante.

- Escuchar con atención y respetar lo que dice cada una de las asistentes.
- No mantener conversaciones cruzadas cuando alguien está hablando.
- Comprometerse a guardar la confidencialidad de los temas que se hablan en el grupo. Es importante que las participantes se sientan seguras cuando hablan.
- Centrarse en el tema que se trata; no contar toda la historia.
- Hablar en primera persona, por ejemplo: «Me siento» o «Me sentí» en lugar de «Me hicieron sentir».
- Respetar el tiempo para que todas tengan la oportunidad de hablar.

5. Es importante que cada una tenga tiempo de exponer sus ideas durante cada sesión. Si el grupo es muy numeroso, puedes dividirlo para un ejercicio o para compartir experiencias.
6. También puede ocurrir que una mujer del grupo sea muy conversadora e interrumpa continuamente. No olvides que las personas que tratan de dominar al grupo actúan por miedo a no valer nada o a no recibir la suficiente atención. Es mejor hablar con ella a solas después de la reunión. Podrías decirle con cariño: «Te agradezco que participes con tanto entusiasmo. Lo que me preocupa es que otras, que no son tan seguras como tú, se inhiban. La próxima semana, ¿podrías dejar hablar a las

demás primero? Gracias». Buscarle una tarea para que ayude también podría ser útil.

7. El trabajo experimental es un método muy importante para tomar conciencia. En cada sesión introduce un ejercicio práctico, como por ejemplo, el trabajo con el espejo, la meditación sobre la niña interior, los ejercicios con el «debo», etc.
8. Sé flexible. En las sesiones de grupo no siempre se puede hacer todo lo que se había planeado. Dado que la Acción Divina Correcta está siempre funcionando, aprende a confiar en el proceso y este fluirá.
9. Obsérvate a ti misma y tus reacciones con frecuencia. Si comienzas a ponerte nerviosa o incapaz de seguir adelante, haz unas cuantas inspiraciones profundas, relájate y di en silencio una afirmación positiva.
10. No discutas con nadie que parezca que quiere seguir estancada. Intenta no deprimirte por el drama de otra mujer. En calidad de directora del grupo, debes aprender a apoyarte en el *conocimiento* de que la curación está al alcance de todos, independientemente de las circunstancias externas. La *verdad* es que el Espíritu es más poderoso que la enfermedad, las dificultades económicas y los problemas de relación.
11. Desarrolla tu sentido del humor. La risa es una forma maravillosa de adquirir una perspectiva diferente.

12. Las mujeres del grupo van a sentir emociones muy profundas que necesitan expresar y desahogar. Es importante que sepas manejar la expresión de aflicción, rabia e ira, si quieres ayudar a otras a liberarlas. Si te asustan las emociones profundas, tal vez te convenga buscar una terapeuta en la que confíes para que te ayude a explorar ese miedo.
13. Después de cada sesión ve a mirarte al espejo y felicítate por lo bien que lo estás haciendo, sobre todo si eres novata en la dirección de grupos.
14. Comienza y acaba las sesiones con una meditación o un proceso para centrarse. Esto puede ser tan sencillo como pedirles a todas que cierren los ojos e inspiren profundamente un momento. A mí me gusta que se cojan de las manos. Les pido que sientan la energía de las manos que tienen cogidas. Después les recuerdo que cada persona desea las mismas cosas que desean las demás. Cada mujer desea estar sana, ser próspera, dar y recibir amor y expresarse creativamente de maneras que la realicen y la llenen. Durante la meditación final, les recuerdo que cada una de nosotras, yo incluida, ha aprendido algo que mejorará la calidad de nuestra vida. Todo va bien y todas estamos a salvo.
15. Cada grupo es diferente y cada sesión será diferente. Aprende a fluir con la energía del grupo y la sesión en que estás.

16. Para cada sesión vas a necesitar:
    - Un reproductor para escuchar audios de meditación y música.
    - Un espejo de mano y/o un espejo de cuerpo entero.
    - Papel y bolígrafos.
    - Varias cajas de pañuelos de papel.
    - Velas o incienso (optativo) para crear un ambiente sagrado.
17. Pide a las participantes que traigan a cada sesión un diario para escribir y un espejo de mano. Podría ser conveniente que también se trajeran un cojín para sentarse o para usarlo durante las meditaciones, y un peluche para poderlo abrazar.

# Conclusión

Las mujeres en general pensamos que tenemos muchísimos problemas; sin embargo, todos nuestros problemas se pueden englobar en tan solo cuatro categorías: amor, salud, prosperidad y autoexpresión. De modo que, a pesar de lo complicado que parece todo, únicamente tenemos cuatro zonas que limpiar. Y el amor es la más importante de todas.

Cuando nos amamos a nosotras mismas, nos resulta más fácil amar a los demás y ser amadas por los demás. Esto a su vez mejora nuestras relaciones y nuestras condiciones laborales. Amarse a sí misma es el ingrediente principal para gozar de una buena salud. El amor hacia nosotras mismas y el amor a la vida nos conecta con la prosperidad del Universo. El amor a sí misma genera autoexpresión y permite ser creativa de maneras plenamente satisfactorias.

¡Todas somos pioneras!

Personalmente pienso que toda mujer es en la actualidad una pionera. Las primeras pioneras de este país abrieron caminos, corrieron peligros, se enfrentaron a la soledad y el miedo, llevaron vidas humildes y llenas de penurias. Incluso tuvieron que construirse sus refugios y buscarse el alimento, ya que, aunque muchas estaban casadas, sus maridos se ausentaban durante largos períodos. Las mujeres tenían que arreglárselas solas para cuidarse a sí mismas y a sus hijos y buscarse sus propios recursos, con lo que dejaron sentadas las bases para la formación de este país. Los hombres jamás lo habrían conseguido sin la ayuda de esas valientes mujeres.

Las pioneras de hoy son como tú y como yo. Tenemos oportunidades increíbles para realizarnos y para alcanzar la igualdad entre los sexos. Por eso debemos florecer donde estamos plantadas y hacer la vida mejor para todas las mujeres. Si la Vida está empujando a las mujeres hacia nuevas consecuciones y libertades, tiene que haber un motivo para ello. Hemos de descubrir la forma de aprovechar este ciclo. Necesitamos nuevos mapas para vivir. La sociedad va avanzando por aguas no exploradas. Apenas estamos comenzando a saber qué tipo de cosas podemos realizar. Así pues, coge tu brújula y adelante. Todas tenemos mucho que aprender y mucho que dar. Todas podemos crear mapas y marcar pautas, sea cual sea el sector de la sociedad del que procedamos.

Nacemos solas y morimos solas. Nosotras elegimos la manera de llenar el espacio que separa estos dos acontecimientos. No hay ningún límite establecido para nuestra creatividad y nuestras posibilidades. Hemos de encontrar alegría en nuestras capacidades. A muchas se nos educó para que creyéramos que no éramos capaces de cuidar de nosotras mismas. Es fabuloso saber que sí lo somos. Por eso hemos de repetirnos con frecuencia: «Pase lo que pase, sé cómo manejarlo».

Desde el punto de vista de la madurez emocional, las mujeres estamos en el apogeo de nuestra evolución en esta vida. Ahora somos lo mejor que hemos sido jamás. Así pues, este es el momento perfecto para dar forma a nuestro destino. Los avances que ahora hagamos sentarán nuevas bases para las mujeres de cualquier parte del mundo. Hay muchas posibilidades en la vida, más allá de lo que podamos pensar o experimentar en estos momentos y ahora tenemos oportunidades que nunca tuvieron antes las mujeres. Ya es hora de conectar con otras mujeres, para entre todas mejorar nuestras vidas, lo que a su vez mejorará la vida a todos los hombres. Cuando las mujeres se sientan realizadas, satisfechas y felices, serán parejas y compañeras de trabajo maravillosas y será fabuloso vivir con ellas. Y los hombres se sentirán infinitamente más a gusto con sus iguales.

Hemos de trabajar para fortalecer los lazos entre las mujeres y apoyarnos mutuamente en nuestros caminos de crecimiento. Ahora no tenemos tiempo de competir entre nosotras por los hombres. Estamos entrando en posesión de lo nuestro. Hemos de aprender todo lo que podamos para transmitir esta fuerza y este poder a nuestras hijas y a las hijas de nuestras hijas. De este modo, las mujeres no volverán a tener que pasar jamás por todo el desprecio, menoscabo y maltrato del que hemos sido objeto y que soportaron nuestras abuelas y sus abuelas. Solo podemos lograr esta nueva libertad y reconocimiento trabajando juntas por nuestra toma de posesión de aquello que nos corresponde.

*¡Ámate y ama tu Vida!*

*En tu interior hay una mujer*
*inteligente, poderosa, dinámica,*
*capaz, segura de sí misma,*
*viva, alerta, fabulosa.*
*Permítele salir y actuar.*
*El mundo te está esperando.*

# Libros y audios recomendados


Blum, Jeanne Elizabeth, *Woman Heal Thyself: An Ancient Healing System for Contemporary Woman.*

Coburn, Jennifer, *Take Back Your Power: A Working Woman's Response to Sexual Harassment.*

Collins, Terah Kathryn, [Hay traducción al castellano: *Feng Shui para Occidente,* Ediciones Urano, Barcelona, 1997].

Coney, Sandra, *The Menopause Industry: How the Medical Establishment Exploits Women.*

De Angelis, Barbara, *Confidence: Finding It and Living It.* [Hay traducción al castellano: *Confianza y seguridad en uno mismo*, Ediciones Urano, Barcelona, 1997].

Dean, Amy E., *Growing Older, Growing Better.*

Diamond, Marilyn, *Great American Cookbook.*

Forer, Judge Lois, *What Every Woman Needs to Know Before (and After) She Gets Involved with Men and Money.*

Hansen, Carol, *Lighten Up* (audio), Open Heart Productions: Tel. 510 / 1974 9088 (Estados Unidos).

Heilbrun, Carolyn, *Reinventing Womanhood.*

Jeffers, Susan, *Feel the Fear and Do It Anyway.* [Hay traducción al castellano: *Aunque tenga miedo, hágalo igual*, Robin Book, Barcelona, 1993].

Keene, Julie, y Ione Jenson, *Women Alone: Creating a Joyous and Fulfilling Life.*

Myss, Caroline, *Anatomy of the Spirit: The Seven Stages of Power and Healing* [Hay traducción al castellano: *Anatomía del espíritu: La curación del cuerpo llega a través del alma*, B de Bolsillo, Barcelona, 2018.]

Northrup, Christiane, *Women's Bodies, Women's Wisdom.* [Hay traducción al castellano: *Cuerpo de mujer, sabiduría de mujer*, Urano, Barcelona, 2000.]

Norwood, Robin, *Women Who Love Too Much.* [Hay traducción al castellano: *Mujeres que aman demasiado*, Javier Vergara, Buenos Aires, 1986.]

Rector-Page, Linda G., *Cooking for Healthy Healing.*

— *Healthy Healing, An Alternative Healing Reference.*

Reilly, Patricia Lynn, *A God Who Looks Like Me.*

Sheehy, Gail, *New Passages: Mapping Your Life Across Time.*

Sinetar, Marsha, *Do What You Love, the Money Will Follow.*

Trafford, Angela Passidomo, *The Heroic Path: One Woman's Journey from Cancer to Self-Healing.*

Virtue, Doreen, *«I'd Change My Life If I Had More Time».*

Williamson, Marianne, *A Woman's Worth.* [Hay traducción al castellano: *El valor de lo femenino,* Ediciones Urano, Barcelona, 1994.]